SHODENSHA
SHINSHO

京都の最強神社

——12社の謎を読み解く

島田裕巳

祥伝社新書

JN042476

はじめに

「最強神社」とは私が考えた表現です。日本の神話である『古事記《こじき》』『日本書紀《にほんしょき》』に登場する神々を祀《まつ》った神社のことを指します。神話に登場する神々を祭神《さいじん》とする神社は当然、長い歴史を持っていることになります。

前作『最強神社と太古の神々』（祥伝社新書）では、伊勢《いせ》神宮（三重県伊勢《いせ》市）から始め、氷川《ひかわ》神社（さいたま市）と八坂《やさか》神社（京都市。以下、社寺および山岳河川で京都市の場合は記さない）、出雲《いずも》大社（島根県出雲《いずも》市）、大神《おおみわ》神社（奈良県桜井《さくらい》市）、浅間《せんげん》神社（富士山本宮《ふじさんほんぐう》浅間《せんげん》大社［静岡県富士宮《ふじのみや》市］ほか）、宗像《むなかた》大社（福岡県宗像《むなかた》市）を取り上げました。

伊勢神宮は、皇室の祖先神アマテラスオオミカミ（天照大御神）を祀っています。氷川神社と八坂神社はその弟スサノオノミコト（須佐之男命）を、出雲大社はオオクニヌシノカミ（大国主神）を、大神神社はオオモノヌシノカミ（大物主神）を、浅間神社はコノハナノサクヤビメ（木花の佐久夜毘売）を、宗像大社では宗像三女神《むなかたさんじょしん》を祀っています。宗像三女神とは、タキリビメノミコト（多紀理毘売命）、タキツヒメノミコト（多岐都比売命）、イチキシマヒメノミコト（市寸島比売命）のことです。

いずれも、神話に登場する有力な神々です。ただ、神々の名前は『古事記』と『日本書紀』では、表記が異なります。『古事記』でも、ひとつの神が異なる漢字を使って表記されることがよく行われています。また、神社によっても表記は変わります。したがって、表記を統一することが難しいことを理解していただきたいと思います。

最強神社は、『最強神社と太古の神々』で取り上げたものだけではありません。そこで、今回は地域を限定し、京都に鎮座《ちんざ》する最強神社12社を取り上げることにしました。

明治政府が東京に遷都したのは１８６９（明治２）年ですから、京都は７９４（延暦《えんりゃく》13）年の平安京《へいあんきょう》遷都以降、１０００年近く都《みやこ》であり、日本の中心に位置しました。途中、鎌倉や江戸に武家政権が生まれましたが、朝廷のある京都は都であり続けたのです。

現在、京都には日本人だけでなく、多くの外国の人々が訪れます。寺院や神社といった宗教施設が林立していることが、京都を有数な観光地にしています。

中学・高校の修学旅行で京都を訪れた人も少なくないでしょう。若い頃は、その魅力が十分にはわからないことが多いのですが、年齢を重ねるにつれ、京都に惹《ひ》かれるようになり、そこにある寺院や神社を訪れてみたいと思うようになります。ＪＲ東海のキャンペーン「そうだ京都、行こう。」は、その気持ちを的確に表現した名コピーです。

京都には、数多くの神社が鎮座しています。

繁華街の祇園《ぎおん》に鎮座する八坂神社をはじめ、賀茂《かも》神社（上賀茂《かみがも》神社と下鴨《しもがも》神社）、伏見《ふしみ》稲荷《いなり》大社、石清水八幡宮《いわしみずはちまんぐう》（京都府八幡《やわた》市）が有名です。平安《へいあん》神宮は１８９５（明治28）年創建ですから、神社としてはかなり新しいと言えますが、毎年10月22日に行われる時代祭《じだいまつり》は、葵祭《あおいまつり》（賀茂神社）や祇園祭《ぎおんまつり》（八坂神社）と共に京都三大祭に数えられています。こうした祭に接することで、私たちは古都・京都の歴史を改めて振り返ることになります。

京都の神社は、人々が礼拝する宗教施設にとどまらず、政治や経済と深くかかわっています。神社が政治・経済とかかわることは古代から中世、そして近世の特徴でもありました。そうした側面を知ることで、京都の最強神社がいかに重要な存在であるかが明らかになっていきます。

京都は長く都であったため、光と共に闇を抱えています。京都の最強神社はそれらにも深くかかわっており、おどろおどろしい物語も登場することになります。

第1章では京都が都、すなわち平安京になる前から鎮座している神社を取り上げます。それらは、遷都という出来事にも深くかかわっていきます。そこには、知られざる奈良・平安の歴史があります。

第2章では平安京遷都を成し遂げた桓武《かんむ》天皇を取り上げ、その政権の特徴を見ていきます。神社は平野《ひらの》神社を取り上げますが、その祭神には注目すべきことがあります。

第3〜5章で取り上げるのは、平安京遷都以降に創建された比較的新しい神社です。にもかかわらず、石清水八幡宮は伊勢神宮と並ぶ地位を獲得しました。怨霊《おんりょう》を祀る御霊会《ごりょうえ》から生み出された八坂神社は、比叡山延暦寺《ひえいざんえんりゃくじ》（滋賀県大津《おおつ》市）とかかわることで存在感を大いに増しました。

平安時代と言えば、摂関家《せっかんけ》（摂政《せっしょう》と関白《かんぱく》を輩出する家）となった藤原《ふじわら》氏の全盛時代ですが、藤原氏の氏神《うじがみ》である春日《かすが》大社（奈良市）から勧請《かんじょう》（神仏の分身・分霊を他の地に移して祀ること）されたのが大原野《おおはらの》神社と吉田《よしだ》神社です。吉田神社はのちになると、吉田神道《よしだしんとう》の総本社として大きな力を持ちました。

怨霊の跋扈《ばっこ》する平安京らしい神社が、北野天満宮《きたのてんまんぐう》です。そこには藤原氏との政争に敗れた菅原道真《すがわらのみちざね》の霊が祀られていますが、数ある怨霊のなかで、道真の霊の存在感は他を圧倒しています。なぜそうなったのでしょうか。大いに注目されるところです。

第6章は、「神の都」という観点から京都の神社を見ていきます。奈良時代の平城京《へいじょうきょう》（奈良市）は、都のなかに有力な寺院が存在する「仏の都」でした。2つの古都の違いを、神と仏を対照させることで考察します。

現代を生きる私たちには、神を恐れる感覚はあまりありません。ところが、平安京に生きた人々には、その感覚が強くありました。祟《たた》るからこそ神を懸命に祀る。このことを意識して、京都の最強神社について考えていくと、これまでとは違う神社の姿に接することができるのです。

２０２４年６月

島田裕巳

目次

第1章 平安京以前の最強神社

最強神社：平野神社

第3章

最強神社の政治力・経済力

最強神社：石清水八幡宮、八坂神社（祇園社）

第４章　最強神社から読み解く藤原氏の謎

最強神社：大原野神社、吉田神社

第5章

怨霊から神になった菅原道真

最強神社：北野天満宮

第6章

神の都と、神社の変容

注目神社：豊国神社、建勲神社、京都霊山護国神社、平安神宮、白峯神宮、新日吉神宮、熊野神社、熊野若王子神社、新熊野神社、文子天満宮、錦天満

宮、御金神社、京都ゑびす神社、愛宕神社、護王神社、晴明神社、今宮神社、野宮神社、宇治上神社

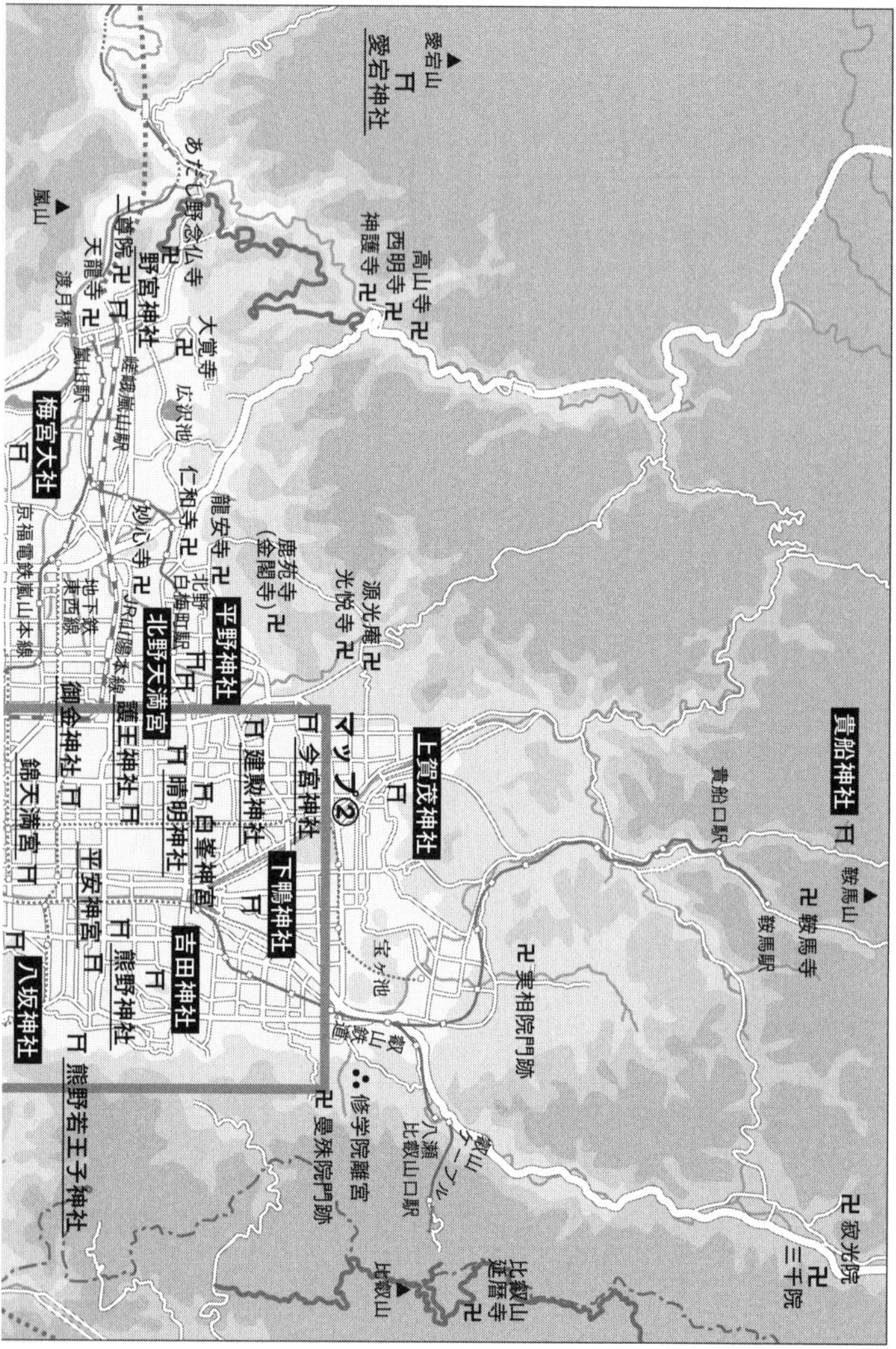

愛宕山
愛宕神社
あだし野念仏寺
嵐山
二尊院
天龍寺
渡月橋
野宮神社
嵯峨嵐山駅
嵐山駅
梅宮大社
大覚寺
広沢池
高山寺
西明寺
神護寺
仁和寺
龍安寺
鹿苑寺
（金閣寺）
源光庵
光悦寺
妙心寺
京福電鉄嵐山本線
地下鉄東西線
JR山陰本線
北野白梅町駅
平野神社
北野天満宮
上賀茂神社
マップ②
今宮神社
建勲神社
晴明神社
白峯神宮
護王神社
御金神社
錦天満宮
下鴨神社
平安神宮
吉田神社
熊野神社
八坂神社
熊野若王子神社
宝ヶ池
叡山鉄道
修学院離宮
曼殊院門跡
実相院門跡
八瀬比叡山口駅
叡山ケーブル
比叡山
比叡山延暦寺
寂光院
三千院
鞍馬山
鞍馬寺
鞍馬駅
貴船口駅
貴船神社

京都の最強神社・注目神社マップ①

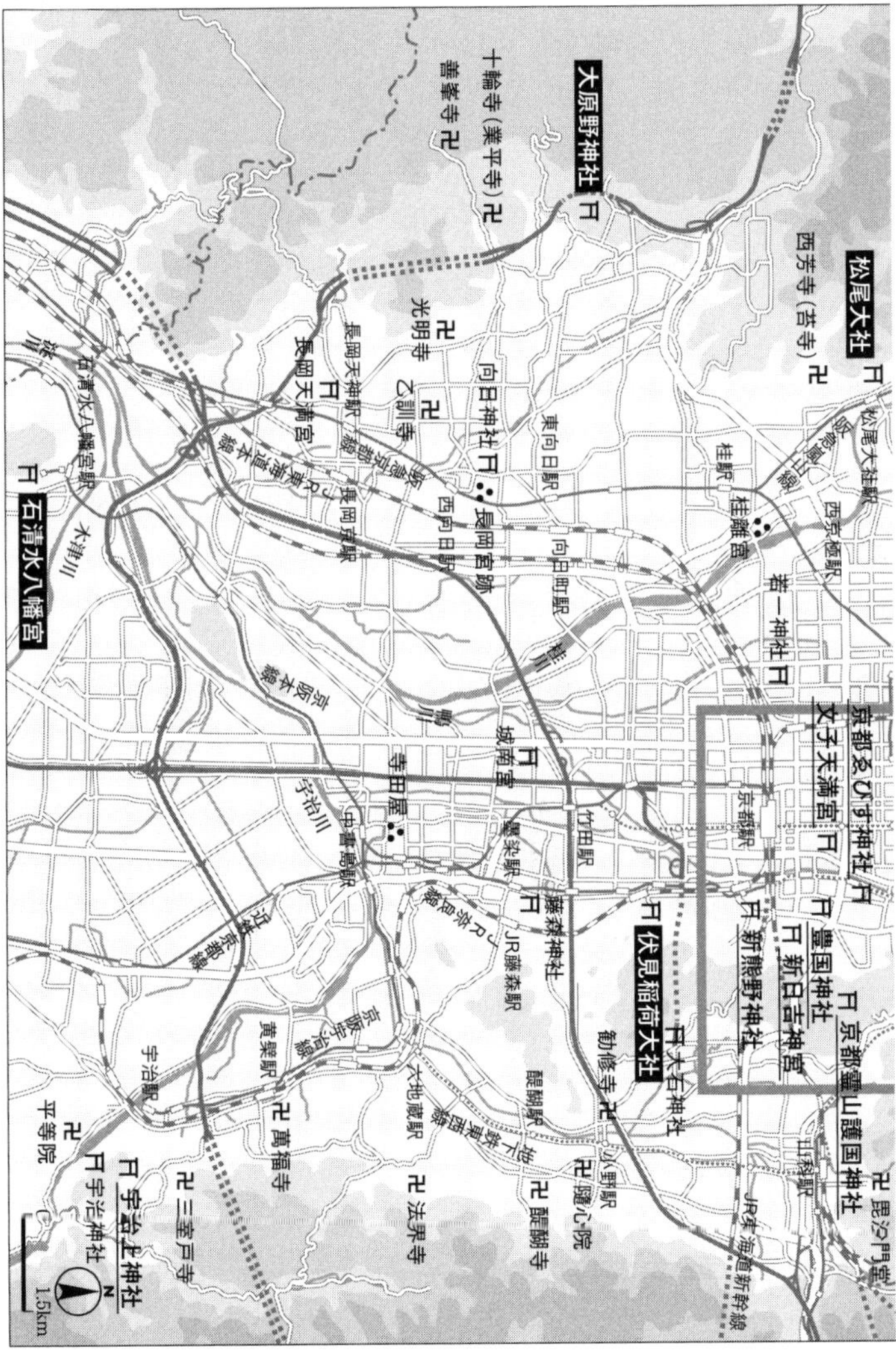

※ ●●神社：最強神社　■■神社：注目神社

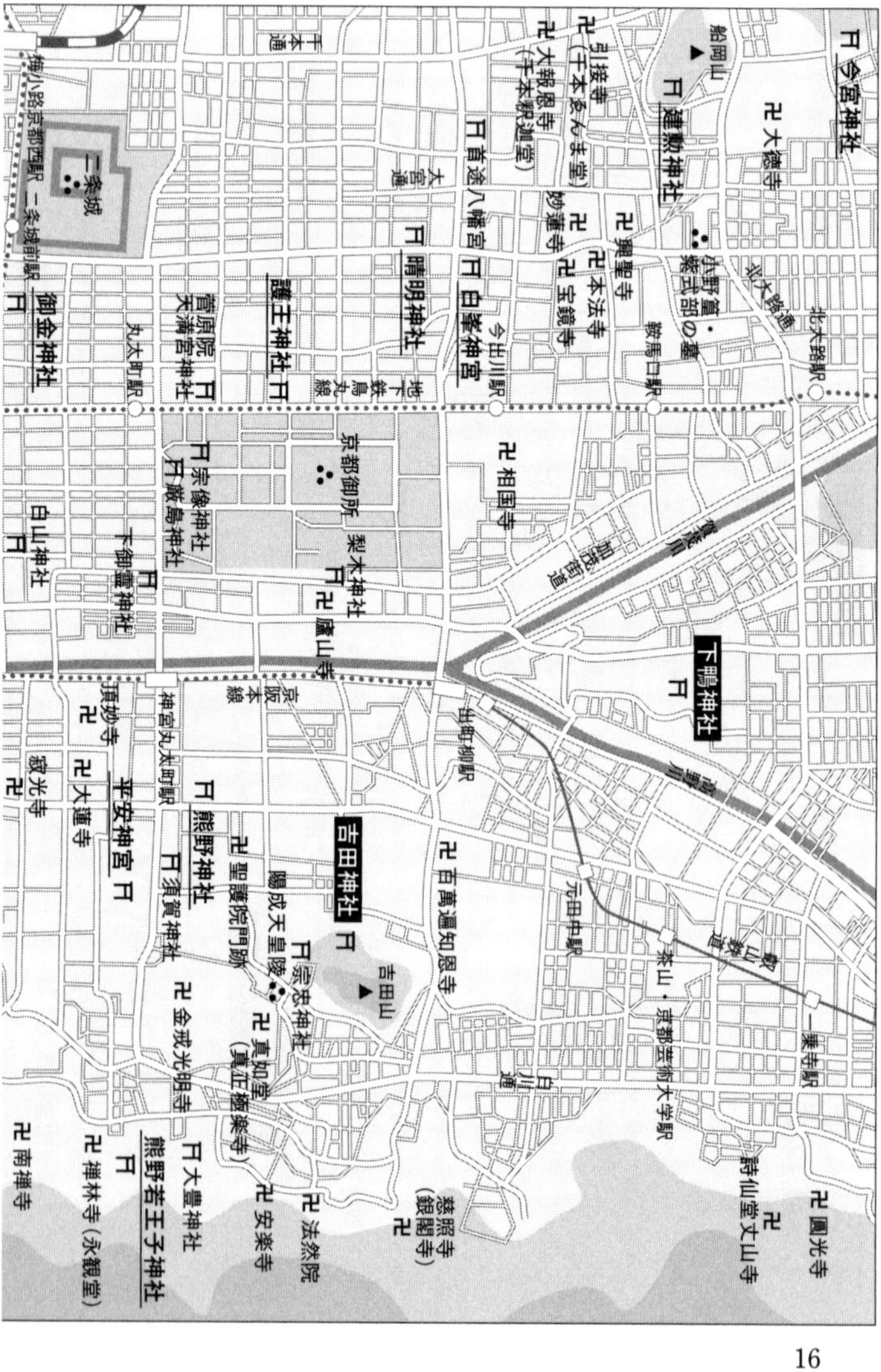
今宮神社
大徳寺
船岡山
建勲神社
千本通
引接寺（千本ゑんま堂）
大報恩寺（千本釈迦堂）
首途八幡宮
大宮通
妙蓮寺
興聖寺
本法寺
宝鏡寺
小野篁・紫式部の墓
北大路通
北大路駅
鞍馬口駅
今出川駅
晴明神社
白峯神宮
地下鉄烏丸線
護王神社
菅原院天満宮神社
丸太町駅
二条城
梅小路京都西駅
二条城前駅
御金神社
相国寺
京都御所
宗像神社
厳島神社
梨木神社
廬山寺
下御霊神社
白山神社
賀茂川
加茂街道
下鴨神社
高野川
出町柳駅
京阪本線
神宮丸太町駅
頂妙寺
寂光寺
大蓮寺
平安神宮
熊野神社
吉田神社
百萬遍知恩寺
元田中駅
叡山鉄道
茶山・京都芸術大学駅
一乗寺駅
聖護院門跡
陽成天皇陵
須賀神社
宗忠神社
吉田山
真如堂（真正極楽寺）
金戒光明寺
白川通
圓光寺
詩仙堂丈山寺
慈照寺（銀閣寺）
法然院
安楽寺
大豊神社
熊野若王子神社
禅林寺（永観堂）
南禅寺

京都の最強神社・注目神社マップ②

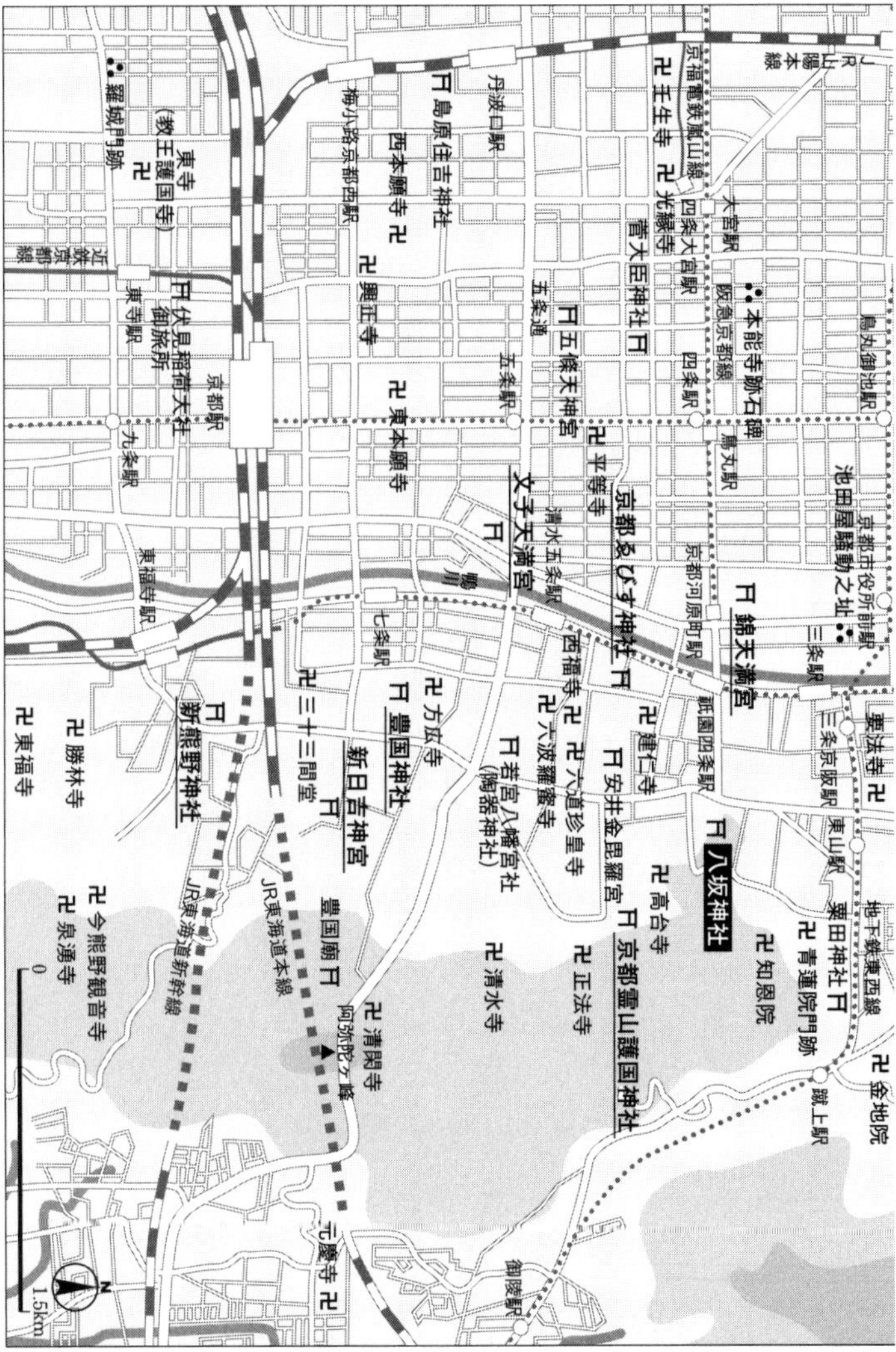

※ ●●神社：最強神社　■■神社：注目神社

注記

引用に際しては旧字・旧かなづかいを現行に改め、適宜ふりがなを加除した。
（　）は原文ママ、〔　〕は引用者の補完を示している。

第1章

平安京以前の最強神社

平安京の誕生

平安京は「平安城《へいあんじょう》」とも呼ばれますが、誕生したのは794年、延暦13年にあたります。延暦という元号は25年まで続きました。元号のなかでは、昭和、明治、応永《おうえい》、平成に次いで5番目に長かったことになります。

現在の元号は、元号法によって定められ、「皇位の継承があつた場合に限り改める」とされていますから、自《おの》ずと長くなります。それに対して、明治以前の元号は改元が繰り返し行われたために短いものが少なくありません。

延暦の元号名は、天台宗《てんだいしゅう》の総本山である比叡山延暦寺（以下、延暦寺）に残されています。日本の天台宗を開いた最澄《さいちょう》が延暦寺を創建したのは788（延暦7）年、平安京誕生のすこし前です。その意味については、あとで述べることにします。

平安京は誕生以来、1869（明治2）年まで都であり続けました。日本の都のなかで、最長を誇っています。平安京が誕生して以降が「平安時代」、それより前が「奈良時代」です。

奈良時代においては、平城京が都であったとされます。

ただ、710（和銅《わどう》3）年から794年まで続いた奈良時代84年間に、都は平城京から恭仁京《くにきょう》（京都府木津川市《きづがわし》）、難波京《なにわきょう》（大阪市）、紫香楽宮《しがらきのみや》（滋賀県甲賀市《こうかし》）へと遷《うつ》りました。745（天平《てんぴょう》17）年にはふたたび平城京に戻っていますが、その後も長岡京《ながおかきょう》（京都府向日市《むこうし》・長岡京市《ながおかきょうし》・京都市・乙訓郡《おとくにぐん》大山崎町《おおやまざきちょう》）に遷都されています。奈良時代、都は5カ所にあったことになります。これは平安京と大きな違いです。

なぜ、何回も遷都が行われたのでしょうか。

なぜ遷都は繰り返されたのか

それは、当時の建物が長く持たなかったからです。

平安京遷都を成し遂げた第50代桓武天皇は、これから述べていく京都の最強神社にもさまざまな点でかかわってくる最重要人物のひとりです。

桓武天皇に、長岡京から平安京への遷都を促《うなが》したのが、貴族の和気清麻呂《わけのきよまろ》です。清麻呂は、皇位に就《つ》こうと企《くわだ》てた道鏡《どうきょう》の野望を打ち砕く神託《しんたく》を宇佐《うさ》八幡宮（大分県宇佐市《うさし》）からもたらしたことでも知られ（宇佐八幡神託事件。第3章で詳述）、護王《ごおう》神社（第6章で詳述）に祀られています。

清麻呂は、桓武天皇に「長岡新都、十載《じっさい》を経ていまだ功《こう》成らず」（『日本後紀』）と進言しました。長岡京の造営にはすでに10年の歳月を費《つい》やしてきたけれど、未だに完成していないので、このあたりで捨てるべきだというのです。

古代史学者の瀧浪貞子《たきなみさだこ》さん（京都女子大学名誉教授）は、著書『桓武天皇――決断する君主』（岩波新書）において、古来、建物の耐用年数は20年と見なされており、掘立式の柱や、瓦葺《かわらぶ》きではない屋根はそれ以上持たなかったと指摘しています。

ということは、10年かけて完成しなければ、その直後に完成しても、すぐに耐用年数が尽きてしまいます。そこで清麻呂は遷都の進言をしたのです。

ただ、それだけではありませんでした。もうひとつ、公衆衛生の問題がありました。

都ができれば、そこに多くの人たちが集まり、生活するようになります。すると、大量のゴミや糞尿《ふんにょう》を処理しなければならなくなります。しかし、それは簡単ではなく、自然災害や飢饉《ききん》が起こった時などに疫病が流行する原因となりました。そこで、ゴミや糞尿が滞積した段階で、遷都が行われることになったのです。

これが奈良時代に頻繁に遷都が行われた理由です。

平安京でも同じ問題に直面したはずです。ところが、京都の場合、十分な治水対策がなされておらず、頻繁に洪水に見舞われました。そのため、出水《しゅっすい》によって糞尿などが流され、それで衛生状態が保たれたというのです（長野正孝『古代史のテクノロジー——日本の基礎はこうしてつくられた』ＰＨＰ新書）。

驚くべき理由です。これによって京都は１０００年の都となることができたのです。

途中、武士が台頭し、平清盛《たいらのきよもり》が福原京《ふくはらきょう》（兵庫県神戸《こうべ》市）への遷都を行いますが、公家の反対に遭《あ》い、すぐに平安京に戻っています。その後、源頼朝《みなもとのよりとも》による武家政権が鎌倉《かまくら》（神奈川県鎌倉《かまくら》市）で生まれますが、朝廷の力は強く、京都を中心とした西の地域には鎌倉幕府の権力は十分にはおよびませんでした。

その後、武家政権は力をつけ、その結果、足利尊氏《あしかがたかうじ》は政権を京都・室町《むろまち》に移し、室町幕府が成立します。これで、京都は名実共に日本の都に戻ったのですが、応仁《おうにん》の乱（１４６７〜１４７７年）で荒廃します。

戦国時代を経て、徳川家康《とくがわいえやす》は江戸《えど》（東京）に拠点を構えますが、朝廷は依然として京都にとどまりました。京都は1869（明治2）年、東京が首都になるまで都であり続けたのです。その意味で、平安京は日本の歴史上、画期的な都であったことになります。

二十二社

平安京の誕生以前、現在の京都府南部にあたる地域は、「山背国」と呼ばれていました。平城京から見て、平城山《ならやま》（奈良市・京都府木津川市）のうしろにあたる国だったからです。それが、平安遷都に際して、桓武天皇によって「山城国」と改称されました。読み方はどちらも「やましろのくに」です。

山背国であった時代、すでにそこにはいくつもの有力な神社が創建されていました。

これはどの神社にも言えることですが、それがいったいいつ創建されたのか、たいがい正確な年代はわかりません。ただ、平安京以前の京都には、賀茂神社、伏見稲荷大社、松尾《まつのお》大社、梅宮《うめのみや》大社、貴船《きふね》神社などが鎮座していました。5つの神社の祭神はいずれも神話と関係しており、最強神社として捉《とら》えることができます。京都には平安京遷都の前から、有力な神社が鎮座していたわけです。この5つの神社のあり方を考えていくと、平安京遷都にもかかわっていく重要な事柄が明らかになるのです。

なお、中世には二十二社の社格が重要視されましたが、５つの神社はすべて二十二社に含まれています。ここで、二十二社について説明しておきましょう。

二十二社は、国家の重大事や天変地異が起こった際、朝廷が特別に奉幣《ほうへい》を捧げた神社のことです。前身となったのが十六社奉幣の制度です。ちなみに奉幣とは、神に幣帛《へいはく》（布帛《はく》、金銭、酒食などの供物《くもつ》）を捧げることです。さらにその源流を求めると、７８８（延暦７）年に祈雨《きう》、すなわち雨乞《あまご》いのために、伊勢神宮や著名な神社に奉幣を捧げたことに行き着きます。雨が降るか否《いな》かは農作物の生育にとって決定的に重要です。日照《ひで》りは不作に結びつき、不作になると、食糧が尽きて飢饉を引き起こし、さらには疫病の流行に結びつくからです。

伊勢神宮以下の十六社に奉幣を捧げたことについては、平安時代に編纂された史書『日《に》本紀略《ほんきりゃく》』の昌泰元《しょうたい》（８９８）年の記事に出てきます。

この時の十六社は伊勢神宮、石清水八幡宮、賀茂神社、松尾大社、平野神社、伏見稲荷大社、春日大社、大原野神社、大神神社、石上《いそのかみ》神宮（奈良県天理《てんり》市）、大和《やまと》神社（同）、廣《ひろ》

瀬《せ》大社（奈良県北葛城《きたかつらぎ》郡河合《かわい》町）、龍田《たつた》大社（奈良県生駒《いこま》郡三郷《さんごう》町）、住吉《すみよし》大社（大阪市）、丹《に》生《う》川上《かわかみ》神社、貴船神社です。ちなみに、丹生川上神社は現在、上社《かみしゃ》（奈良県吉野《よしの》郡川上《かわかみ》村）、中社《なかしゃ》（同東吉野《ひがしよしの》村）、下社《しもしゃ》（同下市《しもいち》町）の３つに分かれていますが、中社が本来のものであったと考えられます。

　その後、十六社は拡大されていきます。９９１（正暦《しょうりゃく》２）年に吉田神社、廣田《ひろた》神社（兵庫県西宮《にしのみや》市）、北野天満宮が加えられ、十九社となりました。９９４（正暦５）年には梅宮大社が加わり、二十社になります。９９５（長徳《ちょうとく》元）年には祇園社《ぎおんしゃ》（八坂神社）が加わり、二十一社。そして１０３９（長暦《ちょうりゃく》３）年に日吉《ひよし》大社（滋賀県大津市）が加わって、二十二社となりました。

　二十二社に定まって以降、毎年2月と7月の2回、その年の豊作を願って幣帛を捧げる「祈年穀奉幣《きねんこくほうへい》」が朝廷の行事として営《いとな》まれることとなりました。それは、１４４９（宝徳《ほうとく》元）年まで続けられます。

　二十二社について記した文書で古いものは、『神皇正統記《じんのうしょうとうき》』の著者として知られる北畠親房《きたばたけちかふさ》が１３４１（興国《こうこく》２・暦応《りゃくおう》４）年頃に記した『二十一社記《にじゅういっしゃき》』です。二十二社ではなく二十一社となっているのは、貴船神社が賀茂神社の摂社と位置づけられていたからです。その事情については後述します。

二十二社について、さらに詳しく知りたい方は、拙著『二十二社——朝廷が定めた格式ある神社22』（幻冬舎新書）をご覧ください。

京都最古の神社

平安京遷都以前、京都には5つの最強神社が鎮座していたわけですが、まずは賀茂神社から見ていきましょう。賀茂神社は、5つの神社のなかで特に重要な存在です。京都（市内）最古の歴史を誇るとも言われるからです。

その祭礼である葵祭も有名です。かつてこれは「賀茂祭《かものまつり》」と呼ばれていました。賀茂祭は、石清水八幡宮の石清水祭《いわしみずさい》、春日大社の春日祭《かすがさい》と並ぶ「三勅祭《さんちょくさい》」のひとつです。勅祭とは、天皇の使者である勅使《ちょくし》が派遣される祭のことで、日本の国家にとって重要な祭であったことになります。

賀茂祭は、紫式部《むらさきしきぶ》の『源氏物語《げんじものがたり》』に登場します。主人公の光源氏《ひかるげんじ》が、祭の行列に供《ぐ》奉《ぶ》することになり、見物人たちの注目を集めます。その姿を見るために、六条御息所《ろくじょうのみやすどころ》と葵《あおい》の上《うえ》が「車争い《くるまあらそい》」をする場面が第9帖「葵《あおい》」に収められています。清少納言《せいしょうなごん》の『枕草子《まくらのそうし》』でも、賀茂祭の情景が描かれています。

賀茂祭ひとつを取っても、いかに賀茂神社が重要な神社であったかがわかりますが、その重要性は「斎王《さいおう》」の存在にこそ示されています。

斎王の制度が始まったのは伊勢神宮で、伊勢神宮と賀茂神社にしか存在しません。伊勢神宮には、代々の天皇は明治になるまで参拝しなかったのですが、その代わりに祭祀を行うために斎王が派遣されたのです。

斎王となったのは天皇の皇女で、親王宣下《しんのうせんげ》を受けた内親王《ないしんのう》か、親王宣下を受けていない女王《じょおう》が対象となりました。斎王の住む御所《ごしょ》は、伊勢神宮では「斎宮《さいぐう》」と呼ばれましたが、賀茂神社では「斎院《さいいん》」と呼ばれました。

なぜ賀茂神社に斎院が設けられたのでしょうか。

それについては、鎌倉時代の第91代後宇多《ごうだ》天皇の時に成立し、南北朝時代初期まで書き継がれた年代記『一代要記《いちだいようき》』に記されています。

平城《へいぜい》上皇（第51代天皇）とその弟である第52代嵯峨《さが》天皇が対立し、上皇は都を平安京から平城京へ戻そうとします。その際、嵯峨天皇は賀茂神社の祭神に対して祈願し、遷都を押しとどめられるなら、皇女を賀茂神社に仕えさせると約束したのです。それによって、８１０（弘仁《こうにん》元）年の薬子《くすこ》の変で嵯峨天皇が勝利を収めると、嵯峨天皇の皇女であった有《う》智子《ちこ》内親王が斎王となり、斎院に送られたのです。

賀茂神社における斎王の制度は、鎌倉時代に入った１２１２（建暦《けんりやく》２）年まで続きました。賀茂神社の斎王は賀茂祭を主催しましたから、この祭は朝廷と深く結びついていたことになります。

天皇は、重要な神社には行幸《ぎようこう》しました。

その最初となったのが９４２（天慶《てんぎよう》５）年、第61代朱雀《すざく》天皇による賀茂神社への行幸でした。その後、代々の天皇は石清水八幡宮や平野神社にも行幸するようになりますが、賀茂神社への行幸も繰り返されました。

伊勢神宮では、社殿《しやでん》を造り替えて神座《しんざ》を移す式年遷宮《しきねんせんぐう》が行われます。現在では20年に一度で、その際には宇治橋《うじばし》も建て替えられ、神宝《しんぽう》も新たに作り直されます。

ただ、伊勢神宮以外にも式年遷宮を行ってきた神社があり、賀茂神社もそのひとつです。賀茂神社の式年遷宮は、1036（長元《ちょうげん》9）年から始まり、21年に一度行われてきました。賀茂神社で式年遷宮が行われてきたことも、その重要性を示しています。式年遷宮は大事業で、朝廷などの支援がなければできないからです。

なお、伊勢神宮でも、以前は20年ではなく、21年に一度、式年遷宮が行われていました。賀茂神社のほうが古い形を残していると言えるかもしれません。

賀茂神社の祭神

このように、平安京の誕生後、賀茂神社の重要性は高まっていきました。それは、朝廷から篤《あつ》く信仰されたことを意味しますが、鎌倉時代の日蓮《にちれん》の遺文《いぶん》（生前に残した文書）のなかに、そのことを示したものがあります。

日蓮が1275（文永《ぶんえい》12）年2月16日に記した書状「新尼御前御返事《にいあまごぜんごへんじ》」に、「国王は八《はち》幡《まん》・加《か》（賀）茂《も》等を御帰依《ごきえ》深くありて天照太神の御帰依浅かりしかば」とあります。国王とは天皇のことで、天皇は伊勢神宮を軽視するようになり、八幡《はちまん》神社や賀茂神社に深く帰依するようになっているというのです。

日蓮の見解が当時の一般的な世論であったかどうかはわかりませんが、平安時代以降の賀茂神社が、伊勢神宮に匹敵するほど重要性を増したことは、ここまで述べてきたことからも明らかです。

その際に注目されるのは、伊勢神宮が内宮《ないくう》（皇大神宮《こうたいじんぐう》）と外宮《げくう》（豊受大神宮《とようけだいじんぐう》）に分かれているのと同じように、賀茂神社も２つに分かれていることです。こうした形を取る神社はけっして多くはありません。

賀茂神社は、上賀茂神社と下鴨神社の２つに分かれています。上賀茂神社の正式な名称は賀茂別雷《かもわけいかづち》神社、下鴨神社は賀茂御祖《かもみおや》神社です。

２つに分かれているのは祭神が異なるからですが、昔から総称して「賀茂社《かもしや》」と呼ばれてきました。現在では、神社の名称は「○○神社」「○○神宮」「○○大社」などですが、昔はどこも「○○社」と呼ばれていました。ただし、伊勢神宮は「神宮《じんぐう》」、あるいは「大《だい》神宮《じんぐう》」と呼ばれるのが一般的で、「伊勢社」とはあまり呼ばれませんでした。

賀茂神社の祭神は、上賀茂神社がカモワケイカヅチノオオカミ（賀茂別雷大神）、下鴨神社がタマヨリヒメノミコト（玉依媛命）とカモタケツヌミノミコト（賀茂建角身命）です。

この三柱《みはしら》の神々は関係があります。カモタケツヌミの子がタマヨリヒメで、『古事記』では初代神武《じんむ》天皇の母とされます。タマヨリヒメの子がカモワケイカヅチです。となると、神武天皇もカモワケイカヅチも、タマヨリヒメを母とする兄弟になりますが、そうした伝承はありません。また、カモワケイカヅチもカモタケツヌミも『古事記』に登場しません。

賀茂神社の祭神についての伝承は、『山城国風土記《やましろのくにふどき》』逸文《いつぶん》に示されています。『風土記』は、奈良時代に第43代元明《げんめい》天皇の指示で作られた各国の地名の由来、産物、伝承などを記したものです。そのうち、ほぼ全文が伝わっているのは『出雲国風土記《いずものくにふどき》』のみで、『播磨国風土記《はりまのくにふどき》』『肥前国風土記《ひぜんのくにふどき》』『常陸国風土記《ひたちのくにふどき》』『豊後国風土記《ぶんごのくにふどき》』は一部が欠けています。他の風土記は別の文書に引用された形でしか残っていません。それが逸文です。逸文とは、かつて存在したけれど現在は伝わっていない文書のことです。

『山城国風土記』逸文では、カモタケツヌミは、丹波《たんば》国神野《かんの》（兵庫県丹波《たんば》市）の神イカコヤヒメ（伊可古夜日女）と結婚し、タマヨリヒコ（玉依日子）とタマヨリヒメを儲けたとされます。
タマヨリヒメが石川《いしかわ》の瀬見《せみ》の小川《おがわ》（48ページで後述）で川遊びをしていた時、川上から丹塗矢《にぬりや》が流れてきました。そこで、矢を持ち帰り、寝床のそばに差しておくと、タマヨリヒメは妊娠して子どもが生まれます。その子どもは成人し、祝宴の席で、カモタケツヌミから「お前の父にもこの酒をあげなさい」と言われると、屋根を突き抜け天に昇ってしまいます。これによって神であることがわかり、カモタケツヌミの名前にちなんでカモワケイカヅチと名づけられたというのです。

カモタケツヌミについては、嵯峨天皇が編纂させた氏族の名鑑『新撰姓氏録《しんせんしょうじろく》』に収録されている、次の伝承もあります。

カモタケツヌミは天地開闢《てんちかいびゃく》の時、アメノミナカヌシノカミ（天之御中主神）とタカミムスヒノカミ（高御産巣日神）の次に成ったカミムスヒノカミ（神産巣日神）の孫であるとされます。神武天皇が東征した際、大和《やまと》国（奈良県）の葛木山《かつらぎさん》に至った時、八咫烏《やたがらす》（金鵄《きんし》とも）に化身《けしん》して神武天皇を先導し、勝利に貢献したというのです。

これは、天皇とカモタケツヌミが深く関係していることを示しています。

カモタケツヌミを祖とするのが、古代の豪族・賀茂県主氏《かものあがたぬしうじ》です。賀茂県主氏は、大和国の葛城《かずらき》（奈良盆地南西部）を本拠とする勢力で、神武天皇を先導したあと、山城国へ至ったとされます。山城国では葛野《かどの》郡と愛宕《おたぎ》郡を支配し、賀茂神社を奉斎《ほうさい》したというのです。

ここで重要なのは、葛野郡と愛宕郡に渡来人の秦《はた》氏が勢力を広げていて、賀茂県主氏と密接な関係を持ったことです。秦氏と賀茂県主氏の間には、姻戚関係があったともされますが、同じ地域に住んでいた豪族同士ですから、それも当然です。

秦氏の存在は京都において重要でした。しかも、平安京の成立ということにも深くかかわっていきます。それについては、順次述べていくことにします。

神体山と磐座

平安京以前、京都に鎮座していた5つの神社のうち、秦氏がかかわっているのは伏見稲荷大社と松尾大社です。

伏見稲荷大社は、全国に数多く鎮座している稲荷《いなり》神社の総本社です。神社本庁の調査では、日本でもっとも多いのは八幡神社、次に伊勢信仰にかかわる神社、そして天神《てんじん》信仰にかかわる神社、4番目が稲荷神社です。

ただし、これは中心となる祭神を稲荷神《いなりしん》とする神社のことで、摂社《せっしゃ》・末社《まっしゃ》（神社の境《けい》内《だい》・境外《けいがい》にある小規模な神社）として祀られている稲荷神社、あるいは屋敷神《やしきがみ》として祀られているものは含まれません。そうしたものを含めれば、おそらく稲荷神社が数としてはもっとも多いでしょう。

稲荷神社と言えば、伏見稲荷大社がそうであるように、千本鳥居《せんぼんとりい》がトレードマークになっています。ただ、千本鳥居が建ち並ぶようになったのは、明治以降のことです。そこには、背後の稲荷山《いなりやま》に林立する「お塚」と呼ばれる石碑が関係しています。お塚が建てられるようになるのは明治時代になってからで、お塚に朱塗りの鳥居を奉納する慣習が生まれ、それが千本鳥居に発展したのです。

その点で、現在の伏見稲荷大社から、平安時代の姿を想像することは難しいですが、清少納言が『枕草子』に貴重な証言を残しています。

平安時代には、初午《はつうま》（2月最初の午《うま》の日）に稲荷山をめぐる「稲荷詣《いなりもうで》」という行事が流行しました。稲荷大社は初午の日に鎮座したとされているからです。清少納言も稲荷詣に挑戦しますが、途中でばててしまいます。稲荷山は標高233mですから、それほど高くありません。それでも登り切るには少なくとも2時間はかかります。

7回の稲荷詣を目標にしていてすでに4回目だという通りがかりの女性に励《はげ》まされたりもするのですが、おそらく途中であきらめてしまったのではないでしょうか。藤原道綱《みちつな》の母による『蜻蛉日記《かげろうにっき》』にも、稲荷詣をしたことが記されています。

平安時代から誰もが自由に登れたのですから、稲荷山は俗界から区別された神体山《しんたいさん》（御神体として直接崇拝の対象とされる山）というわけではありません。

しかしそれは、稲荷山が平安京からすぐ近くにあって簡単に俗化してしまったからで、全体の構造を見ると、神体山としての性格を十分に備えていることがわかります。

神体山には、巨大な岩である磐座《いわくら》があるのが一般的です。これまで、私の著作のなかで（『日本人の神道――神・祭祀・神社の謎を解く』ちくま新書など）繰り返し述べてきましたが、磐座で祭祀を行うことが、神社の始まりと言えます。次の段階では、そうした磐座のある山が神聖なものと見なされ、神体山とされます。鳥居や拝殿《はいでん》、それから本殿《ほんでん》が建てられるのは、それ以降のことになります。

神体山の代表が、『最強神社と太古の神々』で詳しく述べた大神神社の背後にある三輪《みわ》山《やま》（奈良県桜井市）です。三輪山と稲荷山には共通した部分があります。山の構造が似ているのです。

三輪山には3つの磐座があり、麓《ふもと》から辺津磐座《へついわくら》、中津磐座《なかついわくら》、奥津磐座《おきついわくら》と呼ばれます。そこには多くの岩があります。辺津磐座はそれがどこなのか、今ではわからなくなっていますが、３つの磐座が大神神社における信仰の中心になっていたことは間違いありません。

三輪山を神体山とする大神神社の信仰は、こうした磐座から始まりました。次に、磐座がある三輪山が神体山となり、神体山と俗界を分けるところに鳥居が建てられました。大神神社の鳥居は、笠木《かさぎ》に反《そ》りのある明神鳥居《みょうじんとりい》を3つ合わせた三《み》ツ鳥居《とりい》です。そして、鳥居の前に拝殿が建てられたのですが、本殿は今もって建てられていません。そこに大神神社の大きな特徴があります。

稲荷山にも、磐座として劔石《つるぎいし》があります。これは雷石《かみなりいし》とも呼ばれます。この劔石は、現在では御劔社《みつるぎしゃ》という形で祀られています。

それとは別に、稲荷山には峰《みね》があります。これは一《いち》ノ峰《みね》、二《に》ノ峰《みね》、三《さん》ノ峰《みね》、間《あい》ノ峰《みね》、荒《こう》神峰《じんみね》などと呼ばれ、今はそれぞれの場所にお塚が建っています。これらは明治以前には、上ノ塚《かみつか》、中ノ塚《なかつか》、下ノ塚《しもつか》、人呼塚《ひとよびづか》（命婦塚《みようぶづか》）、荒神塚《こうじんづか》と呼ばれていました。

そのうち、中心となるのは上ノ塚、中ノ塚、下ノ塚で、順にオオミヤノメノオオカミ（大宮能売大神）、サタヒコノオオカミ（佐田彦大神）、ウカノミタマノオオカミ（宇迦之御魂大神）が祀られています。いずれも伏見稲荷大社の祭神です。ウカノミタマは『古事記』『日本書紀』に登場します。『日本書紀』では、倉稲魂命と表記されます。

927（延長5）年に完成した「延喜式神名帳《えんぎしきじんみようちよう》」は、律令に定められた事柄を実行に移すために定められた「延喜式《えんぎしき》」の巻9と巻10を指し、当時の神社の名簿になっています。

そこには「稲荷神三社」とあり、この三柱の神々がそれらに該当すると考えられます。現在では、その他に、下社摂社《しもしやせつしや》のタナカノオオカミ（田中大神）と中社摂社《なかしやせつしや》のシノオオカミ（四大神）も祭神に加えられています。

3つの磐座あるいは磐座群からなる三輪山と、3つの峰ないしは塚からなる稲荷山は、空間的な構造が似ています。三輪山は山全体が神聖な領域として禁足地になり、摂社の狭《さ》井《い》神社（奈良県桜井市）から始まる参道以外、立ち入ることができません。稲荷山は禁足地にはなっていませんが、もしそうなっていたら、三輪山に似たものになっていたかもしれません。

秦氏が祀った神

神社に祀られる祭神は、複数の神々から構成されることが少なくありません。

たとえば、春日大社の祭神は「春日神《かすがのかみ》」とも呼ばれますが、タケミカヅチノミコト（武甕槌命）、フツヌシノミコト（経津主命）、アメノコヤネノミコト（天児屋根命）、ヒメガミ（比売神）の四柱《よはしら》の神々からなり、それぞれが別の社殿に祀られています。

伏見稲荷の祭神もかつては三柱、現在では五柱《いつはしら》の神々から構成されますが、三柱の祭神が稲荷山に祀られるようになった経緯は、朝廷における年中行事について記した『年《ねん》中《じゅう》行《ぎょう》事《じ》秘《ひ》抄《しょう》』に出てきます。

そこでは、稲荷神の起源についてははっきりしたことはわからないが、和銅年間（708～715年）に、稲荷山にある3つの峰の平らになった場所に神が現れたとされています。

『年中行事秘抄』は鎌倉時代、13世紀終わりに成立したものですが、さらに遡《さかのぼ》ると、

『山城国風土記』逸文にも起源についての話が出てきます。原文を引用しましょう。

伊奈利《いなり》と称《い》うは、秦中家忌寸《はたのなかつえのいみき》等《ら》が遠《とお》つ祖《おや》、伊侶具《いろぐ》の秦公《はたのきみ》、稲粱《いね》を積《つ》みて富《と》み裕《さきわ》いき。乃《すなわ》ち、餅《もちひ》を用《も》ちて的《いくは》と為《な》ししかば、白き鳥と化成《な》りて飛《と》び翔《かけ》りて山の峯《みね》に居《お》り、伊禰奈利《いねなり》生《お》いき。遂《つい》に社《やしろ》の名と為《な》しき。

（秋本吉郎校注『日本古典文学大系2 風土記』岩波書店）

現在の伏見を含む京都市南部の紀伊《きい》郡に、秦氏がイナリ（伊奈利）と呼ばれる神を祀っていた。そして、何らかの祭事と思われますが、餅を的《まと》にしたところ、それが白鳥になって山の峰まで飛んでいき、そこに稲が生えたので、社の名前を伊奈利としたというのです。

稲荷神の功徳《くどく》にはさまざまなものがあるとされていますが、この話からは、稲荷神がもともと稲の神、穀物神《こくもつしん》であったことがわかります。

重要なのは、稲荷神を祀り始めたのが秦氏だということです。秦氏は渡来人のなかでも有力な氏族です。

『日本書紀』では、秦氏は283（応神天皇《おうじん》14）年、百済《くだら》から多数の人間をともなって帰化した弓月君《ゆづきのきみ》を祖とすると述べられています。秦《しん》の始皇帝《しこうてい》の末裔との伝承もありますが、こちらは、秦氏の権威を高めるために創作されたものでしょう。

古代において、中国は早くから文明が開けていました。朝鮮半島にも、中国の影響をいち早く受けて、高度な技術力を持つ人々が数多く存在していました。中国や朝鮮半島からそうした技術を携《たずさ》えて日本に来たのが渡来人です。秦氏もそのひとつで、織物、土木技術、製錬の技術で優れていたとされます。秦氏に属する秦河勝《かわかつ》が、皇太子となった聖徳《しょうとく》太子《たいし》に仕えたことは、朝廷において秦氏がかなりの力を有していたことを示しています。『山城国風土記』逸文からは、秦氏は稲作について優れた技術を持っていたと推測されます。それで、伏見稲荷大社で稲の神としての稲荷神を祀ることになったのです。

伏見稲荷大社の神職は、秦氏の一族である大西《おおにし》、松本《まつもと》、森《もり》の3家とその分家が務めてきました。「稲荷社神主家《いなりしやかんぬしけ》大西氏系図《おおにししけいず》」には、「秦《はた》公、賀茂建角身命《かもたけつぬみのみこと》二十四世賀茂県主《かものあがたぬし》、久《く》治良《じら》ノ末子《ばつし》和銅四年二月壬午《じんご》、稲荷明神《いなりみようじん》鎮座ノ時禰宜《ねぎ》トナル、天平神護《てんぴようじんご》元年八月八日卒」と記されています。秦氏は賀茂神社の社家《しやけ》（神社の奉祀《ほうし》を世襲する家）である賀茂県主であり、その末子が伏見稲荷大社の神職になったというのです。

この文書にどれだけの信憑性があるかはわかりませんが、賀茂氏と秦氏が密接な関係があったことがわかります。

荒ぶる神

もうひとつ、秦氏が祀っていた京都の神社があります。それが松尾大社です。

平安時代の松尾大社は、賀茂神社と共に「東（賀茂）の厳神《げんしん》、西（松尾）の猛霊《もうりよう》」と並び称されました（『聖徳太子伝暦《しようとくたいしでんりやく》』）。猛霊とは勇猛な神霊《しんれい》のことを意味しますが、それぞれの神の荒々しい側面を示す荒御魂《あらみたま》であるともされています。

注目されるのは、下鴨神社の境外摂社《けいがいせつしや》とされる御蔭《みかげ》神社のことです。そこには、下鴨神社の祭神カモタケツヌミとタマヨリヒメの荒御魂が祀られているとされています。ただ、松尾大社の祭神はオオヤマグイノカミ（大山咋神）とイチキシマヒメノミコト（市杵島姫命）で、カモタケツヌミとタマヨリヒメとは直接には関係しません。

オオヤマグイは、その名が示すように山の地主神《じぬしがみ》（土地の守護神）です。『古事記』では、近江《おうみ》国（滋賀県）の日枝山《ひえのやま》（比叡山）と、松尾大社が鎮座する葛野の2カ所で祀られているとされています。いっぽう、イチキシマヒメは、海の神である宗像三女神のうちの一柱《ひとはしら》です。

松尾大社は山の神と海の神を同時に祭神としていることになりますが、オオヤマグイは酒造の神としても信仰を集めています。大神神社や松尾大社に近い梅宮大社も酒造の神として知られています。

平安時代中期に編纂された『本朝月令《ほんちょうがつりょう》』には、「秦氏本系帳《はたうじほんけいちょう》」が引用されていますが、そこでは、イチキシマヒメが668（天智《てんじ》天皇7）年に、松埼日尾《まつざきひお》（または日埼岑《ひさきみね》）に天降《あまくだ》ったとされています。その場所を、京都市左京《さきょう》区松ヶ崎《まつさき》とする説と、松尾大社の神体山である松尾山《まつのおやま》とする説がありますが、やはり松尾山と考えるべきでしょう。

松尾山の山頂に近い大杉谷《おおすぎだに》の上部には磐座が存在しています。松尾大社は、その磐座で祭祀を行ったことが神社の始まりであったとしています。

『本朝月令』では、701（大宝《たいほう》元）年、秦忌寸都理《はたのいみきとり》によって、松埼日尾から松尾にイチキシマヒメが勧請されたとされています。平安時代後期の有職故実《ゆうそくこじつ》を記した『江家次《ごうけし》第《だい》』の「松尾祭」条では、その年に都理は社殿の造営を始めたとされています。

『江家次第』では、都理と共に秦忌寸知麻留女《ちまるめ》という巫女《みこ》にも触れていて、彼女の子どもである秦忌寸都駕布《つがふ》が神に仕える祝《いわい》として松尾大社の祭祀を司《つかさど》ったとされていますから、松尾大社は秦氏が祭祀を務めた神社になります。

松尾大社と賀茂神社の共通点

松尾大社と賀茂神社には、いくつかの共通点があります。

賀茂神社の三柱の祭神の関係について、『山城国風土記』逸文で丹塗矢の話が出てくることを前述しましたが、この話は、「秦氏本系帳」にも出てきます。「秦氏女子《はたうじのおみなご》」のこととして、ほぼ同じ話が紹介されているのです。

ただ、生まれた子どもは、天に昇る際に雷公《らいこう》になったとされています。雷公とは雷神《らいじん》のことです。そして、「故《ゆえ》、鴨上社《かものかみのやしろ》を別雷神《わけいかづちのかみ》と号《なづ》け、鴨下社《かものしものやしろ》を御祖神《みおやのかみ》と号く。戸の上の矢は松尾大明神《まつのおのおおあきつかみ》、是《これ》なり。是を以《も》ちて、秦氏、三所《みところ》の大明神を奉祭《まつ》る」と述べられています。ここでも、秦氏が賀茂神社と松尾大社を祀っていたとされています。

また、社紋《しゃもん》（神紋《しんもん》）が葵《あおい》であることも共通しています。松尾大社の祭礼である松尾祭の「還幸祭《おかえり》」は、本殿、神輿《みこし》、神職の冠《かんむり》や烏帽子《えぼし》などを葵と桂《かつら》で飾ることから、「葵祭」とも呼ばれます。賀茂神社の祭礼と同じ名称です。

これだけ共通点があるのも、賀茂神社と松尾大社を祀る人間たちが共通していたからにほかなりません。しかも、２つの神社を祀る秦氏は伏見稲荷大社も祀っていました。そして、賀茂神社、松尾大社、伏見稲荷大社は、いずれも平安時代には二十二社に含まれ、朝廷が幣帛を捧げる対象になりました。

二十二社は、上七社《かみななしゃ》、中七社《なかななしゃ》、下八社《しもはちしゃ》に分かれるのですが、この３社はいずれも上七社に含まれています。上七社の筆頭は伊勢神宮、次が石清水八幡宮ですから、上七社に重要な神社が含まれていることになります。そうした神社を渡来人の秦氏が祀ってきたわけです。

ここで、ひとつ疑問が生まれます。

渡来人の信仰

渡来人は朝鮮半島や中国から日本に来たわけですから、それぞれの土地の独自の風習を携えてきたはずです。では、神を祀る風習はどうでしょうか。中国や朝鮮半島に神社はあるのでしょうか。ここでは、秦氏の本拠とされる朝鮮半島について考えてみます。

戦前、大日本帝国は「韓国併合」を行い、朝鮮半島を統治下に置きました。その時代、今のソウルには朝鮮神宮《ちょうせんじんぐう》が鎮座し、それ以外にも約1000の神社が祀られていたとされます。朝鮮半島に植民した日本人が祀ったものです。しかし、それらは日本が戦争に敗れ、植民地支配が終焉を迎えると、皆、破却されてしまいました。

したがって、現在の朝鮮半島に神社は存在しません。そもそも日本人が朝鮮半島の各地に神社を建てるまで、現地にはそうした風習は存在しなかったのです。

朝鮮半島は古来、中国からの影響が日本以上に強く、宗教の面でも、儒教《じゅきょう》、道教《どうきょう》、さらには中国にとっても外来の仏教が伝えられました。1392(元中《げんちゅう》9・明徳《めいとく》3)年から1910(明治43)年まで存在した李氏《りし》朝鮮《ちょうせん》においては、儒教の新しい流れである朱子《しゅし》学《がく》が中心となり、仏教が排斥されました。さらに、儒教が「淫祠《いんし》邪教《じゃきょう》」とした土着の信仰も抑圧されてしまいました。日本では、土着の神道《しんとう》が仏教と習合《しゅうごう》する形で生き延びたのとは対照的です。

ですから今、私たちが韓国を訪れても、李氏朝鮮以前に存在した土着の信仰に接することは難しいのです。仏教は生き延びているものの、戦後大きく拡大したキリスト教と比較すれば、勢いはありません。

朝鮮半島に残る土着の風習で、神社と関係すると思われるものを２つ挙げることができます。

ひとつは、現在でも済州島《さいしゅうとう》に広く残されている「堂《タン》」です。これは、神木《しんぼく》とされる木の前に祭壇を設け、それを石垣で囲ったものです。したがって、堂は小さな森になっているのですが、場合によっては、建物を造り、そのなかに神像を祀ることもあります。古墳が堂になっていることもあります。

堂については、『原始の神社をもとめて――日本・琉球・済州島』（岡谷公二、平凡社新書）で詳しく述べられており、御嶽《うたき》（琉球神道で祭祀を行う場）と堂、神社との共通性が指摘されています。確かに、どれも自然のなかで神を祀るという点で信仰形態が似ています。

賀茂神社において、堂との関連が注目されるのが、下鴨神社の境内に広がる原生林、糺《ただす》の森《もり》の祭祀遺跡です。この森は約12万4000㎡、東京ドーム3個分の広さですが、平安時代には約495万㎡もあったとされています。現在のおよそ40倍です。

下鴨神社の社殿の手前には、南口鳥居があります。その横には川が流れ、瀬見の小川へと続いています。瀬見の小川は平安時代には現在と違うところを流れていて、それが復元されています。その復元された流路の横で祭祀遺跡が発掘されています。

遺跡のもっとも古いものは平安時代後期に遡ります。広大な糺の森において、祭祀が営まれていたわけです。森のなかで祭祀を行う点で堂と似ています。

もうひとつが「支石墓《しせきぼ》（ドルメン）」です。これは、いくつか大きな石を建てかけ、その上に天井となる石を載せるものです。支石墓は世界各地に存在しますが、朝鮮半島にも多く存在し、日本にも伝えられています。支石墓は墓ですが、巨大な石が用いられる点で、磐座の信仰との関連性が考えられます。

すでに述べたように、日本の神社は磐座の信仰から始まったと考えられます。伊勢神宮でも、アマテラスを祀る内宮の北には、その荒御霊を祀る荒祭宮《あらまつりのみや》が鎮座し、さらにその北には内宮磐座《ないくういわくら》があります。

内宮に参拝すると、自ずと荒祭宮、さらには内宮磐座を遠くから拝む形になります。また、内宮磐座のかたわらにある平らになったところでは、式年遷宮の最初の儀式である山口祭《やまぐちさい》が営まれます。これは内宮磐座の重要性を示していると思われます。伊勢神宮の信仰もやはり磐座から始まると考えられるのです。

その点で、支石墓と磐座との関係は重要なものになってくるわけですが、朝鮮半島で磐座を祀る信仰があったのかどうかは、はっきりしません。

はたして、磐座の信仰は日本独自なものなのか、興味を引かれる問題ですが、今のところ、この問いに答えることはできません。今後の研究で解明されれば、渡来人がどのような信仰を日本に持ち込み、それが神社にどう結びついたのかも判明することでしょう。

橘氏と梅宮大社

平安京遷都以前に鎮座していた重要な神社として、残りは梅宮大社と貴船神社です。

梅宮大社は、松尾大社からさほど離れていないところに鎮座しており、両社は共に酒の神が祀られています。酒は、天皇の代替わりの儀式である大嘗祭《だいじょうさい》でも用いられるように、祭祀で重要な役割を果たします。

梅宮大社の祭神はサカトケノカミ（酒解神）、オオワクコノカミ（大若子神）、コワクコノカミ（小若子神）、サカトケコノカミ（酒解子神）ですが、これらからはすぐには神話との関係は思いつきません。

江戸時代の国学者塙保己一《はなわほきいち》が編纂した『群書類従《ぐんしょるいじゅう》』の神祇《じんぎ》部23に収められた諸社の霊験記《れいげんき》『大和豊秋津島卜定記《やまととよあきつしまぼくじょうき》』では、サカトケがオオヤマグイ、オオワクコがニニギノミコト（瓊々杵尊）、コワクコがヒコホホデミノミコト（彦火火出見尊）、サカトケコがコノハナサクヤヒメ（コノハナノサクヤビメ）であるとされています。

オオヤマグイは、『古事記』にはオオヤマツミノカミ（大山津見神）として登場し、イザナミノミコト（伊邪那岐命）とイザナミノミコト（伊邪那美命）との間に生まれた神になります。全国各地にある大山祇《おおやまづみ》神社や三島《みしま》神社の祭神で、山の神を祀る山《やま》神社でも祭神とされていたりします。

コノハナサクヤヒメはオオヤマツミの娘で、ニニギはその夫、その間に生まれたのがホオリノミコト（火遠理命／ヒコホホデミノミコト）です。

松と梅ですから、松尾大社と梅宮大社は対《つい》になっているように思えますが、社紋は松尾大社が葵、梅宮大社は橘《たちばな》です。橘は橘氏を意味しています。梅宮大社は橘氏の氏神なのです。

名門を示す言葉に、「源平藤橘《げんぺいとうきつ》」があります。橘氏は源氏《げんじ》、平氏《へいし》、藤原《ふじわら》氏と並び称されたわけです。橘氏は、光明《こうみょう》皇后の母である県犬養三千代《あがたいぬかいのみちよ》が、元明天皇から「橘宿禰《たちばなのすくね》」という氏姓を賜ったことに始まります。

三千代の子である葛城王《かずらきおう》が皇族から離れ、橘諸兄《もろえ》と改名したところから、橘氏を称するようになりました。改名したのは736（天平8）年ですが、翌年に天然痘《てんねんとう》が流行。藤原四兄弟、すなわち武智麻呂《むちまろ》（藤原南家《なんけ》の祖）、房前《ふささき》（藤原北家《ほっけ》の祖）、宇合《うまかい》（藤原式家《しきけ》の祖）、麻呂《まろ》（藤原京家《きょうけ》の祖）が亡くなります。

これによって、諸兄に出世の道が開かれることとなり、743（天平15）年には左大臣《さだいじん》に叙任され、749（天平感宝元《てんぴょうかんぽう》）年には正一位《しょういちい》を授かります。ただし、最後は謀反の疑いをかけられ、756（天平勝宝8《てんぴょうしょうほう》）年には左大臣を辞職し、翌年に亡くなっています。

その後、諸兄の子である奈良麻呂《ならまろ》も参議《さんぎ》にまで上り詰めますが、やはり謀反の疑いをかけられ、獄死してしまいます。それでも、奈良麻呂の孫にあたる嘉智子《かちこ》が嵯峨天皇の皇后になり、橘氏は公卿《くぎょう》を輩出するようになるのですが、983（永観《えいかん》元）年に亡くなった恒平《つねひら》を最後に、橘氏の公卿は途絶えてしまいます。

なお、公卿とは、公《こう》（太政大臣《だいじょうだいじん》、左大臣、右大臣《うだいじん》）と卿《けい》（大納言《だいなごん》、中納言《ちゅうなごん》、参議、および従三位《じゅさんみ》以上）の総称で、今で言えば内閣の大臣に相当します。

梅宮大社の祭礼である梅宮祭《うめのみやまつり》では倭舞《やまとまい》などが行われ、盛観を極めたとされますが、この祭礼の奉幣使《ほうへいし》も、橘氏が衰えてからは、藤原氏が代行するようになりました。

橘氏の衰退によって、その氏神である梅宮大社はかつての地位にとどまり続けることができなかったとも考えられます。

天皇の寿命が短くなった理由

貴船神社は他の4社同様、二十二社に含まれますが、下八社の最後に位置づけられています。さほど重要な神社ではないように思われるかもしれませんが、けっしてそうではありません。

二十二社の前身は十六社であり、貴船神社はその最後に名前が挙げられています。しかも古来、貴船神社は、二十二社に含まれる丹生川上神社と共に祈雨（雨乞い）と止雨《しう》（雨を止める）の神として、朝廷の篤い信仰を集めてきました。

貴船神社が文献に最初に現れるのは、『日本紀略』の弘仁９（８１８）年5月辛卯《かのとう》（8日）条で、そこには「山城国愛宕郡貴布禰神《きふねのかみ》を大社と為《な》す」とされています。同書の同年6月癸酉《みずのととり》（21日）条では、貴船神社の祭神に従五位下《じゅごいのげ》の神階《しんかい》（朝廷が神社の祭神に奉《たてまつ》った位階）が授けられたとあり、さらに7月丙申《ひのえさる》（14日）条には、祈雨のために貴船神社に使者が遣《つか》わされたとあります。９世紀のはじめにおいて、貴船神社は祈雨の神として篤く信仰されていたことがわかります。

ちなみに、各地にある稲荷神社に「正一位稲荷大明神」などの幟旗《のぼりばた》が掲げられているのをよく見かけます。これは、稲荷神社の総本社である伏見稲荷大社に正一位が授けられたことから、広まりました。ただ、神階は栄誉としての性格しか持たず、社会的にはさほど重要なものとは言えません。

『日本紀略』の弘仁10（819）年6月乙卯《きのとう》（9日）条では、今度は止雨のために、白馬を丹生川上神社と貴船神社に奉ったとあります。以降、祈雨や止雨のための祈願の際に丹生川上神社と貴船神社が同時に名前を挙げられることが多くなります。

貴船神社の創建は、社伝『御鎮座縁起《ごちんざえんぎ》』では、「神武天皇の皇母・玉依姫《たまよりひめ》は、雨風の国《こく》潤《じゅんよう》養土《ど》の徳を尊び、その源《みなもと》を求めて、黄船に乗り浪花《なにわ》より淀川《よどがわ》、鴨川《かもがわ》を遡り、その川上貴船川《きふねがわ》の上流のこの地に至り、清水の湧き出《い》づる、霊境吹井《れいきょうふきい》を認めて、水神《すいじん》を奉斎す」とされています。

ここに神話との結びつきが示されていますが、『古事記』『日本書紀』には、これに関連する記述はありません。

貴船神社の祭神は、タカオカミノカミ（高龗神）です。タカオカミは雨を司る神で、『日本書紀』に登場します。ただし、貴船神社は、本宮《ほんぐう》、「結社《ゆいのやしろ》」と言われる中宮《なかみや》、奥宮《おくみや》から構成されており、タカオカミは本宮の祭神です。奥宮の祭神もタカオカミですが、クラオカミノカミ（闇龗神）、もしくはタマヨリヒメともされます。結社の祭神は、イワナガヒメノミコト（磐長姫命）です。

イワナガヒメはコノハナノサクヤビメの姉で、姉妹の父オオヤマツミは、ニニギがコノハナノサクヤビメと結婚しようとした際、イワナガヒメも一緒に結婚させようとします。天孫が磐《いわ》のように永遠のものになるようにという願いを込めて、イワナガヒメとも結婚させようとしたのです。

ところが、ニニギはイワナガヒメが醜《みにく》かったため、コノハナノサクヤビメとだけ結婚します。オオヤマツミはこれに激怒したため、天孫、つまり代々の天皇の寿命は短くなったとされます。

雨を降らせ、雨を止める神社

このように、貴船神社の祭神は神話と深い結びつきを持っているのですが、注目されるのは上賀茂神社との関係です。

上賀茂神社の境内には、摂社として新宮《しんぐう》神社が祀られており、その祭神はタカオカミです。神社側の説明では、この神社は「貴布禰《きふね》神社」、もしくは「貴布祢新宮《きふねしんぐう》」とも言うとされています。つまり、貴船神社だというのです。実際、『賀茂社務補任記《かもしゃむぶにんき》』の永承《えいしょう》３

（1048）年8月25日条には、「貴布祢社ノ新宮」とあります。

上賀茂神社は、貴船神社は自分たちの神社の摂社であり、洪水や大雪が降ると貴船参《まい》りができなくなるので、上賀茂神社の境内に祀ったのではないか、と説明しています。

『新古今和歌集《しんこきんわかしゅう》』巻19には、上賀茂神社の第31代神主賀茂幸平《かものゆきひら》の歌が載せられていますが、その歌の詞書《ことばがき》（作品の主題や成立事情などを記したもの）には「社司《しゃし》ども貴船《きぶね》にまいりて雨乞《あまごい》し侍《はべ》りけるついでによめる」とあります。これは、上賀茂神社の神職が貴船神社の祭祀を行っていたことを示しています。

丹生川上神社も、管理していたのは大和神社でした。丹生川上神社と貴船神社は、市中から相当に離れた山のなかにあります。前述のように、現在の丹生川上神社は上社・中社・下社に分かれていますが、どれが本来の神社なのか江戸時代にはわからなくなっていました。それほど不便な場所にあったからです。

貴船神社はそのようにはなりませんでしたが、市中にないため、それを管理する有力な神社を必要としたのです。山中にあるからこそ、祈雨、止雨の神として力を発揮したのですが、神社として自立する力はなかったように思われます。その点で、貴船神社を最強神社として捉えていいのかどうか、問題になるかもしれません。

本章では、平安京遷都以前から鎮座していた京都の最強神社を取り上げました。そのうち、賀茂神社、伏見稲荷大社、松尾大社が渡来人によって祀られてきたことは重要です。というのも、平安京への遷都を実現した桓武天皇は渡来人の系譜に属しているからです。

次章では、そのことについて見ていきます。

第2章

桓武天皇と、怨《おん》念《ねん》渦巻く平安京

歴代最高齢で即位した父

平安京遷都を成し遂げたのは桓武天皇ですが、さまざまな点で特異な天皇であったように見受けられます。桓武天皇は第49代光仁《こうにん》天皇の第1皇子として生まれ、即位前には山部《やまべ》親王と呼ばれていました。

桓武天皇を考察する際には、光仁天皇のことについて見ていく必要があります。光仁天皇の大きな特徴は歴代最高齢で即位したことです。770(宝亀《ほうき》元)年に即位した時、61歳(満年齢。以下、本項は同表記)でした。それに次ぐのが現在の天皇で、即位は59歳でした。現在の天皇が即位したのは、父である先代(現在の上皇)が85歳という高齢で譲位したからです。

江戸時代まで、天皇は生前に譲位することが多かったのですが、その年齢は若く、第79代六条《ろくじょう》天皇などは1歳に満たない年齢で即位し、3歳で譲位しています。昔は、いつ亡くなるかがわからないので、つつがなく皇位の継承を行うため、早期の即位と譲位が頻繁に行われたのです。

その点で、光仁天皇が61歳で即位したことは異例です。背景に複雑な事情があったことが推測されます。

第38代天智天皇の即位後、皇位は第1皇子の弘文《こうぶん》天皇に受け継がれます。ただし、弘文天皇は壬申《じんしん》の乱に敗れて自害したため、実際に即位したのかどうかは、はっきりしません。正式に代々の天皇に含まれるようになったのは、明治になってからです。

壬申の乱に勝利した天智天皇の弟・天武《てんむ》天皇が、第40代天皇として即位します。そこから、天武天皇の系統が続き、第48代称徳《しょうとく》天皇（第46代孝謙《こうけん》天皇の重祚《ちょうそ》）に至ります。

光仁天皇は天智天皇の孫で、天武天皇の系統には属していなかったので、白壁王《しらかべ》と呼ばれていた時代、皇位を継承する可能性はないと見なされていました。

ところが、称徳天皇は生涯独身を貫き、後継者も定めていませんでした。しかも、政変が続き、天武天皇の系統には、皇位を継承するのにふさわしい人物がいなくなってしまいました。いっぽう、白壁王の妻は称徳天皇の異母姉・井上《いのえ》内親王（のちの皇后）です。こちらは天武天皇の系統にあったことから、白壁王に白羽の矢が立ち、光仁天皇として即位することになりました。

このような事情があったため、光仁天皇は高齢で即位することになったのです。

平安時代初期に編纂された『続日本紀《しょくにほんぎ》』光仁天皇即位前紀によれば、白壁王は即位前、政変で皇位を継承する可能性のある人間が次々と亡くなったため、酒に溺れたふりをして、行方《ゆくえ》を晦《くら》まします。天皇になろうという意志を示せば、殺されるかもしれなかったからです。

呪詛による廃嫡

明治に入る頃、「万世一系《ばんせいいっけい》」が叫ばれ、初代の神武天皇から皇統が連綿と受け継がれてきた意義が強調されるようになります。江戸時代の国学者本居宣長《もとおりのりなが》は、その点をもって、日本が他国、特に中国に優れている証《あかし》としました。

光仁天皇は、妻である井上皇后が第45代聖武《しょうむ》天皇の娘ですから、聖武天皇の女婿にあたります。けれども、称徳天皇とは8親等も離れています。したがって、光仁天皇の即位によって、天武系から天智系への王朝交替があったのではないかという説も唱えられてきました。

はたして王朝の交替があったのかについては、判断が難しいところです。ただ、光仁天皇の第1皇子である桓武天皇の生まれについては、この点に関連して注目されることがあります。

それは桓武天皇の母の存在です。光仁天皇には、井上皇后の他に多くの妻がいました。後継者の確保が必要な天皇には当たり前のことでした。

そのうちのひとりが高野新笠《たかののにいがさ》で、彼女が山部親王、のちの桓武天皇の母となりました。もっとも、井上皇后には他戸《おさべ》親王という皇子がいましたから、こちらが皇太子となり、山部親王には立太子《りったいし》の可能性はないはずでした。

ところが、772（宝亀3）年3月2日、井上皇后が光仁天皇を呪詛《じゅそ》しているとして皇后を廃されてしまいます（他説もあり）。5月27日には、他戸親王も皇太子を廃されました。それによって、翌年1月2日、山部親王が皇太子に立てられたのです。

現代の感覚からは、呪詛など科学的にありえない行為であり、効果はないと考えられます。しかし、時代が明治に変わった1870（明治3）年に施行された刑法の前身「新律《しんりつ》綱領《こうりょう》」では、呪詛は殺人罪にあたるとされていました。1882（明治15）年に制定された旧刑法では殺人罪からは外されたものの、1908（明治41）年に現刑法が制定されるまで、呪詛は犯罪とされていました。つまり、ごく最近まで、呪詛には一定の効力があると考えられていたわけです。

こうした出来事が起こったことで、天皇に即位するはずのなかった山部親王が皇太子となり、桓武天皇として即位したのです。

桓武天皇が行った、特異な祭祀

桓武天皇の母である高野新笠の父親の和乙継《やまとのおとつぐ》は、百済の武寧王《ぶねいおう》の子孫・和《やまと》氏です。つまり、高野新笠は渡来人の子孫であり、桓武天皇は渡来人の血を引いていることになります。

現在の上皇が、２００1年に68歳の誕生日を迎えた際、「桓武天皇の生母《せいぼ》が百済の武寧王の子孫であると、続日本紀に記されていることに、韓国とのゆかりを感じています」と発言し、話題になったことがありました。

前章で見たように、京都には多くの渡来人が生活しており、朝廷とも関係を結んでいたわけですから、こうしたケースが頻発しても不思議ではありません。実際、渡来人の血は、桓武天皇以前の天皇にも流れていたはずです。ただ、明確に渡来人との関係が指摘されているのは桓武天皇のケースだけです。

これに関連し、注目されるのが「郊祀《こうし》」です。これは中国の皇帝が行っていた儀式で、夏至《げし》と冬至《とうじ》に営まれました。夏至は宮城《きゅうじょう》の北郊に、冬至は南郊に円丘《えんきゅう》を築き、大神を祀りました。「郊天《こうてん》の祭祀《さいし》」とも呼ばれます。

『日本書紀』には、神武天皇は即位後、大和国の鳥見山《とりみやま》（奈良県宇陀《うだ》市・桜井市）で郊祀を行ったとされていますが、これはあくまで神話のなかでの話です。日本の歴史上、はじめて郊祀を営んだのは桓武天皇であり、しかも2回行っています。その後、郊祀を行ったのは第55代文徳《もんとく》天皇だけです。

『続日本紀』には、桓武天皇は785（延暦4）年11月10日、河内国《かわち》（大阪府南東部）交野郡《かたの》柏原《かしわら》で天神を祀ったと記されています。787（延暦6）年11月5日にも、同じところで郊祀が営まれていますが、その際には、大納言で造東大寺司《ぞうとうだいじし》の長官だった藤原継縄《つぐただ》を派遣し、昊天上帝《こうてんじょうてい》を祀ったとあります。昊天上帝は、中国において天上界を支配する最高神とされています。

注目されるのは、その際、桓武天皇の父である光仁天皇を神として祀ることの許可を昊天上帝から得ようとしたことです。

天皇家の祖神《そしん》、すなわち皇祖神《こうそしん》はアマテラスです。しかし、桓武天皇が行った郊祀ではアマテラスは祀られず、代わりに光仁天皇が祀られました。これは、桓武天皇に、光仁天皇を祖とする新たな王朝を樹立しようとする意図があったからではないでしょうか。

新王朝にいかに正統性を持たせるか。桓武天皇は、そのために中国の皇帝が行った郊祀を実行に移したのです。

前章で紹介した『桓武天皇』（瀧浪）では、桓武天皇が郊祀を行った際、百済王《くだらのこにきし》氏が協力したのではないかと指摘しています。

百済王氏は、百済の最後の王となった義慈王《ぎじおう》の子である善光《ぜんこう》を始祖とする渡来人の一族で、郊祀が行われた交野郡一帯を本拠地としていました。

百済王氏と桓武天皇が交わりを結んだことは『続日本紀』にも記されています。桓武天皇の母である高野新笠は百済系の渡来人の血を受け継いでいるわけですから、百済王氏と関係を結んでも不思議ではありません。

平野神社の祭神

桓武天皇との深い縁を感じさせるのが、京都市北《きた》区平野《ひらの》宮本《みやもと》町に鎮座する平野神社です。平野神社は二十二社に含まれ、しかも、上七社の５番目に登場しますから、有数な神社です。ただ現在では、近くに鎮座する北野天満宮に比べ、注目度は低いように感じられます。

この点で、平野神社を最強神社として捉えていいのかどうか、問題になるところです。

『続日本紀』の延暦元（７８２）年11月19日条に、「田村後宮《たむらのあとみや》の今木大神《いまきおおかみ》に従四位《じゅしい》を授ける」とあります。これが、平野神社の祭神である今木神《いまきのかみ》の文献上の初出です。田村後宮は田村第《たむらのだい》とも呼ばれ、平城京にあった藤原南家の邸宅を指しています。これが、平安京遷都（延暦13［７９４］年）と共に現在地に移されたのです。

『一代要記』には、「延暦13年甲戌《きのえいぬ》、今年始めて平野社を造る」とあります。他の史料からも、平野神社はこの時期に創建されたものと考えられます。平安京遷都と共に生まれた神社と考えていいでしょう。そこで、桓武天皇との関係について考える必要が出てくるわけです。

平野神社の祭神は、「延喜式神名帳」では「平野祭神四社」とあります。これが、『本朝月令』に引用された詔《みことのり》、勅《ちょく》、太政官符《だいじょうかんぷ》などの集大成である「貞観式《じょうがんしき》」になると、「平野、是惣号《そうごう》にして一神名《じんみょう》に非ず、今木《いまき》・久度《くど》・古開《ふるあき》の三神《さんじん》を祭祀し、更《さら》に相殿比売神《あいどのひめかみ》一座を加ふべし」と述べられています。最初、イマキスメオオカミ（今木皇大神）、クドノオオカミ（久度大神）、フルアキノオオカミ（古開大神）の三神が祀られていて、のちにヒメノオオカミ（比売大神）が加えられたというのです。

今木神も久度神も古開神も、あまり聞かない神名です。その正体はどういうものなのでしょうか。

三神《さんじん》を読み解くと……

平野神社の祭神のなかで中心となるのが今木神です。平野神=今木神とする史料も少なくありません。今木は今来、つまりは「新しく渡来した」ことを意味するとの説がありますが、これははっきりしません。

「延喜式」の第8巻に掲載された平野祭の祝詞《のりと》では、「今木より仕奉来る《つかまつりきた》皇大御神《すめおおみかみ》」とあります。今木を地名とするのか、それとも「新しく渡来してより今に至るまで奉斎してきた」とするかで解釈が分かれます。ただ、「延喜式」が編纂された平安時代中期には、今木神は皇大御神、つまりは皇祖神として捉えられていたことになります。

この点は重要です。今木神は、927（延長《えんちょう》5）年に完成した「延喜式」において皇祖神と位置づけられていたことになるからです。

久度のほうは竈《かまど》のことですから、竈の神になります。『続日本紀』延暦2（783）年12月15日条には、「大和国平群《へぐり》郡の久度神《くどのかみ》を従五位下に叙して官社《かんしゃ》となす」と記されています。この場所には、現在でも久度《くど》神社（奈良県北葛城郡王寺《おうじ》町）が鎮座しており、久度神も祭神のなかに含まれています。重要なのは、高野新笠の父・和乙継の墓が久度神社と地域的に隣接していることです。

古開神について、平野神社のサイトでは「邪気《じゃき》を振り開く平安の神」と説明されていますが、ここでしか祀られていない神です。久度神と共に久度神社に祀られていたという説もありますが、その性格ははっきりしません。

今木神は皇祖神とされたわけですから、神階の上昇は著《いちじる》しいものがありました。78

2（延暦元）年には従四位上《じゅしいのじょう》を、864（貞観《じょうがん》6）年には最上位の正一位になっています。ちなみに、前年には、久度神と古開神が従五位下から正三位に、比売神は従五位下から従四位上に上昇しています。

古くから存在した神社は「名神《みょうじん》」と呼ばれましたが、平野神社は名神のひとつです。851（仁寿《じんじゅ》元）年には「平野神宮」とも呼ばれました。この当時、神宮と称されたのは伊勢神宮と石上神宮に限られましたから、平野神社が相当に重要な神社であったことは間違いありません。

神社の重要性については、天皇の行幸があったかどうかで判断できます。平野神社には天皇の行幸も相次ぎました。記録に残っているだけでも、981（天元《てんげん》4）年の第64代円《えん》融《ゆう》天皇から1179（治承《じしょう》3）年の第80代高倉《たかくら》天皇まで、19回におよんでいます。1090（寛治《かんじ》4）年の第73代堀河《ほりかわ》天皇の行幸の際には、雅楽《ががく》を奏《かな》で舞人《まいびと》が舞う「東遊《あずまあそび》」など、さまざまな芸能が演じられています。

円融天皇が行幸した際、近くにあった施無畏寺《せむいじ》を平野神社の神宮寺《じんぐうじ》（神社に付属して置かれた寺院）に転用しています。施無畏は観音《かんのん》の別名ですが、施無畏寺は江戸時代に廃寺となり、現存しません。

知る人ぞ知る神社

平野神社はこれだけ重要な神社ですから、現在でも京都の最強神社としてその存在感を示しても不思議ではありません。しかし、二十二社の上七社という高い格式の割に認知度が低く、「知る人ぞ知る神社」と言う人もいます。この神社に多くの人が訪れるのは、京都に春を告げるしだれ桜「魁桜《さきがけざくら》」が咲いた時です。そうした点で、平野神社を最強神社に位置づけるには躊躇《ためら》われるところがあります。なぜでしょうか。

最強神社の定義は、「はじめに」でも述べたように、神話に根拠が求められることが挙げられます。この定義からすると、平野神社は最強神社にはなりません。今木神をはじめとして、平野神社の祭神はいずれも『古事記』『日本書紀』に登場しないからです。ただ、中世において、今木神などを神話に登場する神々と結びつけようとする試《こころ》みがありました。

第４章で、吉田神道を創始した吉田兼倶《よしだかねとも》について触れますが、兼倶は１４６９（文明《ぶんめい》元）年に二十二社について解説した『二十二社註式《にじゆうにしやちゆうしき》』を著したとされます。そのなかで、平野神社の祭神を次のような形で示しています。

第一　今木神　日本武尊《やまとたけるのみこと》　源氏氏神
第二　久度神　仲哀《ちゆうあい》天皇　平家氏神
第三　古開神　仁徳《にんとく》天皇　高階《たかしな》氏神
第四　相殿比売　天照大神　大江《おおえ》氏神

ヤマトタケルは、第12代景行《けいこう》天皇の皇子とされます。ただ、景行天皇が実在した証拠はなく、ヤマトタケルも神話のなかの英雄です。その点では、今木神は神話との結びつきを持つとも言えますが、右のことがどれだけ一般に流布《るふ》したのかは疑問です。少なくとも八幡《はちまんしん》神が第15代応神天皇と習合したことに比べれば、中世の社会に広まったとは思えません。

今木神の存在感が増した可能性があったとしたら、それは、郊祀で祀られた昊天上帝と習合した場合だったのではないでしょうか。しかし、郊祀はその後、朝廷の枢要な儀式として受け継がれていったわけではありません。それによって、昊天上帝と習合する可能性は封じられてしまったように思われます。

今木神が神話との結びつきを持ち得なかったことと、昊天上帝と習合しなかったことが、平野神社の弱点になったと言えるでしょう。これと比較されるのが北野天満宮ですが、それについては第5章で述べます。

井上皇后は暗殺されたのか

桓武天皇で特筆すべきことが、もうひとつあります。それは、怨霊を祀ったことで、上《かみ》御霊《ごりよう》神社（正式名称・御靈《ごりよう》神社）と下《しも》御霊《ごりよう》神社の創設に結びついています。

上御霊神社の祭神は次の通りです。

崇道《すどう》天皇（光仁天皇の皇子である早良《さわら》親王）
井上大皇后（光仁天皇の皇后）
他戸親王（光仁天皇の皇子）

藤原大夫人《だいぶにん》（藤原吉子《よしこ》、桓武天皇皇子である伊予《いよ》親王の母）
橘大夫《きつだいぶ》（橘 逸勢《たちばなのはやなり》）
文大夫《ぶんだいぶ》（文室宮田麻呂《ふんやのみやたまろ》）
火 雷 神《ほのいかづちのかみ》（以上六柱《むつはしら》の荒魂《あらみたま》）
吉備大臣《きびのおとど》（吉備真備《まきび》）

下御霊神社では、井上大皇后と他戸親王が含まれず、代わりに伊予親王と藤大夫《とうだいぶ》（藤原広嗣《ひろつぐ》）が入ります。吉備大臣は、下御霊神社で吉備 聖 霊《しょうりょう》として祀られています。

すでに、井上大皇后は井上皇后として、また他戸親王についても触れました。井上皇后は夫である光仁天皇を呪詛したとして皇后を廃され、その子である他戸親王も皇太子を廃されました。その結果、山部親王が皇太子となり、のちに桓武天皇として即位したのです。

では、なぜ井上皇后は光仁天皇を呪詛したのでしょうか。

史料がないので、はっきりとしたことは言えませんが、『桓武天皇』（瀧浪）では、井上皇后みずから天皇に即位するために夫を呪詛した可能性を指摘しています。

井上皇后は聖武天皇の第1皇女で、光仁天皇の先代・称徳天皇の異母姉にあたります。血脈のうえでは、光仁天皇よりも重みがあり、他戸親王が成長して即位するまで、政務を執《と》っても不思議ではありませんでした。奈良時代までは多くの女帝、女性の天皇が誕生していますそこで夫に取って代わろうとした可能性が生まれますが、それは井上皇后が企図したことではなく、藤原式家の良継《よしつぐ》と百川《ももかわ》が仕組んだようです。この兄弟は、親族の旅子《たびこ》を山部親王に嫁がせていました（良継の孫であり、百川の長女）。

真相は定かではありませんが、皇位継承をめぐる政争によって井上皇后と他戸親王が廃されたことは十分に考えられます。『続日本紀』では、2人は3年後の775（宝亀6）年4月27日に共に亡くなっています。同じ日ですから、暗殺された可能性があります。

事実はともかく、井上皇后と他戸親王が恨《うら》みを抱きながら亡くなったと捉えられるのは自然なことです。それが、上御霊神社で祀られることにつながったのです。

死後の特別扱い

怨霊として、井上皇后と他戸親王以上に重要なのが早良親王です。それは、亡くなったあとに、「崇道天皇」と天皇号を追諡《ついし》されたところに示されています。上御霊神社で祀られた他の祭神には、そうしたことは行われていません。

早良親王の父は光仁天皇で、母は高野新笠です。したがって、桓武天皇の同母弟にあたります。桓武天皇は737（天平9）年生まれ、早良親王は750（天平勝宝2）年生まれとされます。ただ、早良親王が実際にいつ生まれたのかは、はっきりしていません。

前述のように、桓武天皇は本来なら天皇に即位するはずではありませんでした。母である高野新笠が渡来人系で、身分が高くなかったからです。井上皇后が聖武天皇の第1皇女であったことに比較すれば、当然そのようになります。

早良親王は、桓武天皇が即位すると皇太子に立てられますが、それまでは、その可能性はまったくありませんでした。実際に11歳で出家、21歳で受戒《じゅかい》（戒律《かいりつ》を受持すること）し、東大寺《とうだいじ》羂索院《けんじゃくいん》や大安寺《だいあんじ》東院《とういん》（いずれも奈良市）に住していました。ちなみに、東大寺を開山《かいさん》した良弁《りょうべん》は臨終に際して、早良親王に華厳宗《けごんしゅう》を伝授しています。後継者に指名したわけです。

早良親王は770（宝亀元）年、父である光仁天皇が即位すると、「親王禅師《しんのうぜんじ》」と呼ばれるようになります。天皇の子に生まれながら、皇位を継承する可能性のない者が出家すると、「法親王《ほうしんのう》」「入道親王《にゅうどうしんのう》」と呼ばれました。僧籍に入ったあとに親王宣下を受けたのが法親王、すでに親王宣下を受けたあとで出家するのが入道親王です。

法親王は、門跡寺院《もんぜきじいん》（皇族や公家が住職を務める寺院）の住職である門跡になることが多いので、仏教界において権力を握ることになります。これによって、天皇家は世俗と宗教世界双方を支配するようになっていくのですが、なかには状況が変化することで、たとえば皇位を継承するなどの可能性が出てきて、出家した親王が還俗《げんぞく》（俗人に戻ること）することもありました。

早良親王も桓武天皇が即位することで還俗し、皇太子となりました。桓武天皇には、第1皇子として安殿《あて》親王が生まれていて、すでに8歳になっていました。のちの平城天皇です。したがって、安殿親王を皇太子に立てることもできたはずですが、なぜか早良親王が皇太子となりました。その理由は定かではありません。

しかし、このことが結果的に悲劇をもたらしました。

藤原種継暗殺事件

長岡京への遷都が進められていた時のこと、785（延暦4）年の9月23日夜、長岡京の造宮使《ぞうぐうし》に任命された藤原種継《たねつぐ》が矢で射られ、暗殺される事件が起こります。種継は、藤原式家の祖である宇合の孫にあたります。

その後、十数人の容疑者が捕縛され、斬首や流罪《るざい》となりました。そのなかに早良親王が含まれていたのです。本当に早良親王が種継暗殺に関与したのかどうか、その点ははっきりしません。親王なので斬首ではなく、淡路国《あわじ》（兵庫県淡路島）に流罪となりますが、その途中、河内国高瀬橋《たかせばし》（高瀬《たかせ》神社［大阪府守口市《もりぐち》］）付近で亡くなっています。

問題は、早良親王がどのようにして亡くなったかです。

『日本紀略』では、早良親王は淡路国に流される前、長岡京にあった乙訓寺《おとくにでら》（京都府長岡京市）に幽閉され、十余日にわたってみずから食を断《た》ち、その後、移送される途中で絶命したとされています。他の史料では、飲食を断たれて亡くなったとされています。どちらにしても、早良親王は絶食して亡くなったことになります。また、早良親王は自分は無実だと考えていたので、怒りを持って亡くなった可能性があります。

種継の暗殺後も、長岡京の造営は続けられましたが、凶事が続きます。藤原百川の娘で桓武天皇の夫人となっていた旅子、天皇の母である高野新笠、皇后の乙牟漏《おとむろ》が次々と亡くなったのです。蝦夷《えみし》（東北地方などで朝廷の支配下にない人々）との戦いにも敗れ、疫病の流行や洪水もありました。

そうなると、怨霊の祟りということが言われるようになりました。７９２（延暦11）年、皇太子である安殿親王の体調が長期にわたってすぐれなかったため、陰陽師《おんみょうじ》に占わせたところ、早良親王の祟りという結果が出ました。このことは、『日本紀略』に出てきます。

陰陽師は律令制のもとで中務省《なかつかさ》に所属していた役人で、陰陽道《おんみょうどう》の呪術《じゅじゅつ》などにより、吉凶の占いなどを行っていました。よく知られている陰陽師が、安倍晴明《あべのせいめい》です。陰陽道は中国の陰陽《いんよう》五行《ごぎょう》思想《しそう》をもとに、日本で成立した独自の信仰です。晴明が操ったとされる式神《しきがみ》などは陰陽道独自の神であり、由来ははっきりしません。

陰陽師の占いの結果を受けて、桓武天皇は淡路島に勅使を派遣します。早良親王の霊に謝り、１週間後には墓に堀をめぐらし、丁重に扱うようになりました。『桓武天皇』（瀧浪）によれば、それまで怨霊による祟りを公言した天皇はいなかったようです。

崇りに関して、その感覚は時代を遡れば遡るほど強かったと思われがちです。しかし、信仰の世界は、人間社会の進化と連動します。つまり社会が複雑化すれば、信仰も多様化し、さまざまな要素が付け加えられていきます。ですから怨霊も、怨霊を生み出すような恨みを持って亡くなる人間が現れたと見なされなければ、恐れられることはありません。

飛鳥時代や奈良時代には、怨霊への信仰は十分な形で形成されていませんでした。それが、平安時代にさまざまな政争が起こることで、怨霊の観念が強化されていったのです。『桓武天皇』（瀧浪）では、桓武天皇は、身分を廃されて亡くなった井上皇后と他戸親王にも祟りを感じたのではないかと推測しています。

その後、桓武天皇は早良親王の怨霊を鎮《しず》めるための行動に出ます。すでに平安京に遷都していた８００（延暦19）年には、早良親王に対して「崇道天皇」という尊号《そんごう》を追贈しました。早良親王は皇太子となっていたので、天皇に即位する可能性がありました。それが死後に実現された形になったのです。ただし、代々の天皇の列に加えられたわけではありません。

注目されるのは、桓武天皇が早良親王の霊を鎮めるために、主に仏教の力に頼ったことです。墓に僧侶を遣わしたり、淡路国に寺を建てたりして、冥福を祈りました。一切経《いっさいきょう》の書写なども行っています。一切経は経典の集成で、大蔵経《だいぞうきょう》とも呼ばれますが、膨大な量におよびますから、その書写は大事業になります。

現在、早良親王は御霊神社の他に、いくつかの神社で祀られています。嶋田《しまだ》神社（奈良市）や崇道天皇社《すどうてんのうしゃ》（同）では、崇道天皇として祀られています。後者は、淡路国から移送された崇道天皇稜があった場所とされています。京都市にも崇道《すどう》神社があり、その祭神は早良親王です。

こうした神社がいつ創建されたのか、明確ではありません。崇道天皇社は平城天皇の時代、８０６（大同《だいどう》元）年に創祀されたとも言われますが、史料的には裏づけられません。

御霊会の始まり

上御霊神社や下御霊神社を含め、崇道天皇をはじめとする怨霊が神社に祀られるようになったのは、８６３（貞観5）年5月20日に行われた御霊会以降と推察されます。

平安京では当時、咳病《がいびょう》（咳逆《がいぎゃく》）が流行していました。これは咳《せき》が出る病気で、今で言うインフルエンザではないかと考えられます。その咳病によって、2人の大納言をはじめ皇室や宮中の関係者が次々と亡くなってしまったのです。

そこで、京都にある神泉苑《しんせんえん》で御霊会が営まれました。これは怨霊を鎮めるための法要で、朝廷からは藤原基経《もとつね》や藤原常行《つねゆき》が遣わされ、僧侶の慧達《えたつ》を招いて、『金光明経《こんこうみょうきょう》』の一部と『般若心経《はんにゃしんぎょう》』六巻を演説させました。さらに、雅楽寮《ががくりょう》の伶人《れいじん》が楽を演じ、稚児《ちご》に舞を舞わせ、雑伎《ざつぎ》や散楽《さんがく》も披露されました。怨霊の心を鎮めようとしてのことです。

その際に対象となったのが、早良親王の他、伊予親王、藤原吉子、藤原広嗣（もしくは仲成《なかなり》）、橘逸勢、文室宮田麻呂でした。いずれも、のちに上御霊神社や下御霊神社で祀られる怨霊たちです。

その後、御霊会は865（貞観7）年6月14日にも行われています。

869（貞観11）年5月には貞観地震が起こり、悪疫《あくえき》も流行したため、同年6月、三度目の御霊会が行われています。その際、国の数にちなんで66本の鉾《ほこ》が立てられ、悪疫を祓《はら》う力があるとされる牛頭天王《ごずてんのう》（次章で詳述）を載せた神輿が神泉苑に送り込まれました。

これが、祇園祭の始まりとされています。

御霊会は、いずれも怨霊を退散させるために営まれたものです。神泉苑はのちに東寺《とうじ》(教王護国寺《きょうおうごこくじ》)の支配下に入り、現在は東寺真言宗《とうじしんごんしゅう》の寺院になっていますが、御霊会が行われた当時は、基本的に朝廷などの遊宴の場でした。少なくとも神社でも寺院でもなく、対象となった怨霊がそこで神や仏として祀られたわけではありません。

そこが、菅原道真の怨霊を祀るために創建された北野天満宮とは異なります。北野天満宮は神社ですから、道真の霊は神として祀られたことになります。北野天満宮の創建は947(天暦《てんりゃく》元)年ですから、最初の御霊会からかなりの時間が経っています。はたして、その間に人々の考え方が変わったのでしょうか。そのことは第5章で考察します。

上御霊神社と下御霊神社の祭神は、恨みを持って亡くなったと考えられたわけですが、平野神社以上に、神話との結びつきはありません。祭神はいずれも歴史上の人物で、『古事記』『日本書紀』に登場する神々と結びつけられたこともありません。崇道天皇にしても、人間に与えられる尊号ではあっても、神号《しんごう》ではありません。そうした点で、この2つの神社を最強神社として捉えることはできません。

次章では、平安京遷都以降に創建された石清水八幡宮と八坂神社を考察します。どちらも神社としての歴史は浅いのですが、神話と結びつくことで存在感を急速に増していきました。そこには延暦寺がかかわっており、その延暦寺は八坂神社を支配下に置くことで、都全体に圧倒的な影響力を持つようになりました。京都の最強神社が、平安時代の政治経済にどのような影響を与えたのかを見ていきましょう。

第3章

最強神社の
政治力・経済力

最強神社のツートップ

京都の最強神社として、まぎれもなく双璧をなすのが石清水八幡宮と八坂神社です。石清水八幡宮は、京都市の西南に位置する八幡市に鎮座しています。いっぽう、八坂神社は、京都市の中心である祇園に鎮座しています。

2つの神社を見ていくうえで重要なことは、中世から近世にかけて、「神仏習合《しんぶつしゅうごう》」という事態が続いたことです。ここで言う「神」は神社、もしくは神道のことで、「仏」は寺院、もしくは仏教のことです。そこに陰陽道もかかわってきますが、基本的に神社と寺院、神道と仏教がひとつに融合していたのが神仏習合というあり方です。

宗教の代表的な分け方として、「世界宗教」と「民族宗教」という二分法があります。世界宗教は国家や民族の枠を超えて広がった宗教のことで、キリスト教、イスラム教、仏教などが該当します。それに対して、ひとつの国、あるいは民族に限定されるのが民族宗教で、ユダヤ教、ヒンドゥー教、神道などがあてはまります。

一般的には、世界宗教が広がることで、民族宗教は駆逐されていきます。たとえば、ヨーロッパにおけるケルトやゲルマンの信仰は、キリスト教の浸透によって吸収され、消滅しました。イスラム教が広がった地域でも、同様のことが起こりました。

ところが日本の場合、民族宗教としての神道は、世界宗教としての仏教が伝来しても駆逐されることなく、仏教と習合することで生き延びました。

近代になると、明治政府は、神道を機軸とした国家の建設を目指し、神仏分離《しんぶつぶんり》を行いました。これによって、神仏習合という事態は終焉しました。そして廃仏毀釈《はいぶつきしゃく》により、寺院や仏像などが破壊されるなど、仏教はかなりの痛手を被《こうむ》りました。

その際、神道が独立できたということは、神道は神仏習合の時代をしぶとく生き抜いたことを意味します。仏教のなかに溶け込んでしまったわけではなかったのです。そこに神道の特質を見ることができます。

神仏習合の時代、有力な神社には神宮寺が設けられました。神社の管理を行ったのは、主に「別当《べっとう》」と呼ばれた神宮寺の僧侶たちでした。彼らは神社の社殿の前で読経《どきょう》し、神々に祈願を行いました。今では、ごく一部にしか残っていない慣行です。

神仏分離はかなり徹底して行われましたので、神仏習合の痕跡を見つけることは、今では相当に難しくなっています。それでも、まったくないわけではありません。

たとえば、世界的な観光地になった浅草寺《せんそうじ》（東京都台東区《たいとう》）です。浅草寺はもともと天台宗に属し、観音霊場《かんのんれいじょう》として知られていましたが、戦後、聖観音宗《しょうかんのんしゅう》を立ち上げ、その本山となりました。

浅草寺は、浅草《あさくさ》神社（同）と隣接しているのですが、浅草寺の境内に浅草神社が鎮座しているようにも見えます。浅草神社には、浅草寺の本尊《ほんぞん》である観音菩薩《かんのんぼさつ》像を隅田川《すみだがわ》（東京都北区《きた》・足立《あだち》区・台東区ほか）から拾い上げた漁師の兄弟などが祭神として祀られています。その点で、浅草寺と浅草神社が一体の関係にあることがわかります。

ただ、明治になると神仏分離が行われ、両者は切り離されます。戦後はそれぞれが宗教法人として認証されたため、両者は完全に独立した形になっています。それでも、浅草神社の祭礼である三社祭《さんじやまつり》の神輿が浅草寺の本堂外陣《ほんどうげじん》に安置される「堂上《どうあ》げ」「堂下《どうさ》げ」の行事が復活されていて、神仏習合の時代を彷彿《ほうふつ》させます。

前述のように、神仏分離によって、神仏習合という事態に終止符が打たれました。その結果、現在の神社で神宮寺が設けられているところはありません。神社から仏教関係の堂《どう》宇《う》や仏像などが一掃されたので、その痕跡を見出すことはできなくなっているのです。

しかし明治以前は、神社に仏教関係の堂宇が建ち並び、僧侶が仕えているのは当たり前の光景でした。石清水八幡宮と八坂神社について見ていく際には、このことを念頭に置いておく必要があります。

なお、八坂神社という呼び方は明治以降のことで、それ以前は「祇園社」と呼ばれていました。そのことは、現在の八坂神社の御朱印が祇園社と記されていることにも示されています。

異例のスピード出世

まずは、石清水八幡宮から見ていきましょう。

石清水八幡宮の創建は860（貞観2）年ですから、平安京遷都から60年以上の歳月が経過しています。時期としてはかなり新しいと言えるでしょう。「延喜式神名帳」に記載された神社は「式内社《しきないしゃ》」と呼ばれ、高い格式を誇りました。石清水八幡宮は「延喜式神名帳」には記載されていないため、式内社ではありません。

にもかかわらず、創建から40年も経っていない898（昌泰元）年、十六社に奉幣が捧げられた時には、そこに含まれていました。しかも、その後、伊勢神宮と共に二所宗廟《にしょそうびょう》（後述）となるのですから、異例のスピード出世を果たしたことになります。

吉田兼好《よしだけんこう》の随筆集『徒然草《つれづれぐさ》』は鎌倉時代末期、1349（正平《しょうへい》4・貞和《じょうわ》5）年頃の完成とされますが、そこに、石清水八幡宮に関する次の話が出てきます。古文の教科書で取り上げられたほどですから、ご存じの方もいることでしょう。

仁和寺《にんなじ》の僧侶が「年寄るまで石清水を拝まざりければ、心うく覚えて」、石清水八幡宮の鎮座する男山《おとこやま》（京都府八幡市）に来ました。しかし、麓《ふもと》の極楽寺《ごくらくじ》（同）や高良《こうら》神社（同）には参拝したものの、山上に鎮座する石清水八幡宮に参拝しないまま帰ってきたという話です。ここからは、石清水八幡宮がいかに高名な神社であったかがわかります。

なぜ石清水八幡宮は急速にその名を高めていったのでしょうか。そこには、祭神である八幡神が急速に地位を高めていったことが関係しています。

八幡神の大きな特徴は、神話にまったく登場しないことです。『古事記』にも、『日本書紀』にも出てきません。となると、最強神社とは言えないわけですが、のちに応神天皇と習合することで、神話との関係が生まれました。

八幡神を祀る神社の総本宮が、宇佐《うさ》神宮（大分県宇佐市）です。

宇佐神宮が最初に文献に現れるのは737（天平9）年のことです。前年2月に日本は新羅《しらぎ》に使節を派遣しますが、受け入れを拒否され、両国の関係は悪化しました。『続日本紀』によれば、その際に朝廷は、伊勢神宮、大神神社、住吉《すみよし》神社（福岡市）、香椎宮《かしいぐう》（同）、そして宇佐神宮に幣帛を捧げています。これは宇佐神宮、つまりは八幡神に国家を護《まも》る力があると見なされたことを意味します。

その後、東大寺に大仏が建立《こんりゅう》された時、八幡神は協力を申し出ています。大仏建立は日本の国家が総力を挙げて取り組んだ大事業であり、大仏には国家を護る力が期待されました。749（天平勝宝元）年には、八幡神に仕える巫女《みこ》が上京し、大仏建立を発願した聖武上皇や光明皇太后、娘の称徳天皇と共に大仏に礼拝をします。八幡神は、そのまま東大寺の守護神として手向山《たむけやま》八幡宮（奈良市）に鎮座することになりました。

さらに769（神護景雲《じんごけいうん》3）年、宇佐八幡神託事件が起こった際も、八幡神は重要な役割を果たしています。

女帝の称徳天皇は生涯、独身を貫き、道鏡を寵愛したとされます。やがて、道教は皇位を狙うまでになり、それを阻止したのが、和気清麻呂が宇佐神宮から得てきた八幡神の神託です。神託は、これまで臣下が君主となった例はなく、皇統に連なる人物を皇位に就けるべき、というものでした。

事件が事実かどうかはわかりません。しかし、八幡神が、皇位を左右する重要な役割を担《にな》う神であると考えられていた点は見逃せません。皇祖神であるアマテラスではなく、神話にも登場しない八幡神にその役割が求められたのです。

宇佐神宮が最初に文献に現れてから、石清水八幡宮が創建されるまで120年しか経っていません。なぜそれほど八幡神は急速に力を得ることができたのでしょうか。その謎を解くには、八幡神の正体を探る必要があります。

八幡神のルーツ

八幡神の史料として重要なのは、『宇佐八幡宮弥勒寺建立縁起《うさはちまんぐうみろくじこんりゅうえんぎ》（『承和縁起《じょうわえんぎ》』）』と『八《はち》幡宇佐宮御託宣集《まんうさぐうごたくせんしゅう》（『託宣集《たくせんしゅう》』）』です。

前者の末尾には、844（承和《じょうわ》11）年6月17日という日付が記されていますが、写本は15世紀末のものしか残されていないため、成立は承和11年よりも遅いと考えられます。後者は鎌倉時代末期、14世紀前半に成立したものです。

『託宣集』では、571（欽明《きんめい》天皇32）年に豊前《ぶぜん》国宇佐《うさ》郡（大分県宇佐市のほぼ全域）の宇《う》豆高嶋《ずたかしま》で、宇佐神宮の神職となる大神《おおが》氏の祖である大神比義《ひぎ》の前に、八幡神が3歳の童子《どうじ》として現れ、「辛国《からくに》の城に、始めて八流の幡《はた》と天降って、吾は日本の神と成れり」という託宣を下したとされています。

「辛国」は朝鮮を、「辛国の城」は朝鮮からの渡来人が生活している地域を指すと考えられます。そこに八幡神が天降り、日本の神となったというのです。ということは、八幡神は日本に固有の神ではなく、渡来人の祀る外来の神であったことになります。

『豊前国風土記』逸文でも、「昔者《むかし》、新羅の国の神、みずから渡り到来《きた》りてこの川原に住みき、すなわち名を鹿春《かはる》の神と曰《い》き」という記述が出てきます。現在の福岡県田川《たがわ》郡香春《かわら》町には香原岳《かわらだけ》があり、その麓には香原《かわら》神社が祀られています。ここは宇佐からかなり西に位置しますが、『八幡神と神仏習合』（逵日出典、講談社現代新書）では、新羅の国の神を祀っていた渡来人の集団が東へと移って、宇佐の地域で八幡神を祀るようになったのではないかと推測しています。

宇佐神宮が鎮座する九州北部は朝鮮半島に近く、多くの渡来人が定住するようになり、その文化的な影響を被ったことは否定できません。

朝鮮半島では古代から、さまざまな国が勃興を繰り返しました。7世紀中盤までは、高句麗《こうくり》、新羅、百済の三国が鼎立《ていりつ》する「三国時代」が続き、こうした国々は日本と深くかかわりました。しかも、三国間で争いが起こると、その余波で日本にやってくる人々も出てきました。これが渡来人です。ここまで見てきたように、京都には百済から来た秦氏がおり、桓武天皇の母も百済系渡来人の系譜に属していました。

八幡神を祀る渡来人は、秦氏のような百済系ではなく新羅系です。その違いが日本においてどのような意味を持ったのか、それを見極めることは困難ですが、平安京遷都以降、そこにある有力な神社がことごとく渡来人とかかわっていたことは重要です。八幡神が石清水八幡宮として平安京に勧請されたことも、おそらくはその点が関係していたのでしょう。

『承和縁起』では、八幡神は応神天皇の霊であるとされ、欽明天皇の時代に豊前国宇佐郡の馬城嶺《まきみね》に出現し、これを大神比義が戊《つちのえ》子《ね》年に鷹居社《たかいしゃ》を建て、みずから祀ったとされています。その後、小椋山《おぐらやま》に鎮座したというのです。

馬城嶺は、「おもとやま」とも読まれますが、これは宇佐神宮の南南東にある御許山《おもとさん》のことを指しています。御許山の頂上には、3つの巨大な磐座がありますが、頂上付近は禁足地とされ、立ち入ることができません。御許山の麓には大元《おおもと》神社（大分県杵築《きつき》市）が鎮座しています。大元神社は大神神社と同じで、拝殿はありますが、本殿がありません。そのため、宇佐神宮の本殿の正面向かい側に、大元神社の遥拝所《ようはいじょ》が設けられています。

『承和縁起』には、宇佐神宮の創建について別の伝承も記されています。

欽明天皇の時代、宇佐郡辛国宇豆高島《うずたかしま》に天降った八幡神は大和国膽吹嶺《いぶきのみね》に移り、さらには紀伊《きい》国名草海嶋《なぐさうみしま》、吉備宮神島《きびのみやかみしま》を経て、馬城嶺に顕《あらわ》れた。現在地の小椋山に鎮座するまで、乙咩社《おとめしゃ》（大分県宇佐市）、酒井泉社《さかいいずみしゃ》（同）、瀬社《せしゃ》（同）を経て、鷹居社《たかいしゃ》（同）、小山田《おやまだ》社《しゃ》（同）へと移っていったとされます。

遷座《せんざ》を繰り返しただけではなく、鷹居社にいた時代には、その心が荒れて、5人のうちなら3人を殺し、10人のうちなら5人を殺すほどだったのです。八幡神は人を殺すほどの荒ぶる神でした。神の心が和《やわ》らいでから、ようやく社殿を建てて、奉斎が叶うようになったというのです。

最強神社に祀られた神には祟る力があることは、前著『最強神社と太古の神々』で強調しました。八幡神は祟りをもたらす恐ろしい神であったわけです。そうした力を持っていたがゆえに、それを祀る宇佐神宮や石清水八幡宮は異例の出世を遂げ、有力な神社へと発展していったと考えられます。

そうした恐ろしい神を鎮め、国家を護るために力を発揮したのが仏教の信仰です。

神であり、仏でもある

宇佐神宮は、明治の神仏分離の前までずっと「宇佐八幡宮弥勒寺《うさはちまんぐうみろくじ》」と呼ばれていました。弥勒寺の痕跡は宇佐神宮の境内に見ることができ、寺院の建物の礎石《そせき》が残されています。

弥勒寺の創建には、法蓮《ほうれん》という僧侶が関係していました。『続日本紀』によれば、法蓮は医術に長《た》けていました。

鎌倉時代初期に成立した『彦山流記《ひこさんるき》』という史料があります。彦山とは、福岡県と大分県にまたがる修験道《しゅげんどう》の霊峰・英彦山《ひこさん》を指しています。

同書には建保《けんぽう》元（1213）年の奥書があり、彦山の般若窟《はんにゃくつ》で修行した法蓮はその結果、宝珠《ほうじゅ》を得たとされます。ところが、白髪の翁《おきな》にそれを奪われそうになり、争いになります。この翁こそ八幡神で、八幡神は「宝珠を得て鎮守《ちんじゅ》となり、日本国を護りたい」と言い出します。さらには「弥勒菩薩《みろくぼさつ》が世に現れるのを助けるため、弥勒寺という神宮寺を建てて、法蓮をその別当にしたい」とも言いました。そこで、法蓮は宝珠を宇佐神宮に納めます。

弥勒菩薩は釈迦《しゃか》の未来仏で、釈迦の入滅後56億7000万年後に地上に下り（「下生《けしょう》」と言います）、釈迦によっては救われなかった人々を救うとされます。下生が一刻も早く叶うことを願うのが弥勒信仰で、仏教が日本に渡来した初期段階において盛んでした。

『承和縁起』『託宣集』によれば、725（神亀《じんき》2）年に八幡神が小椋山に遷座し、山上に社殿が建てられた際、境外の東南東《とうなんとう》に弥勒禅院《みろくぜんいん》（現存せず）が、東南に薬師勝恩寺《やくししょうおんじ》（現存せず）が建立されたとされます。弥勒禅院が、法蓮が別当となる弥勒寺と考えられますが、738（天平10）年には2つの寺が統合され、宇佐八幡宮弥勒寺が成立しました。

発掘調査の結果、弥勒寺は南大門《なんだいもん》、中門《ちゆうもん》、金堂《こんどう》、講堂が南北の線上に並び、金堂の手前に2基の三重塔《さんじゆうのとう》がある、薬師寺式伽藍配置《やくしじしきがらんはいち》の立派な寺院だったことが判明しています。

このように、八幡神は弥勒菩薩と習合するようになったわけですが、821（弘仁12）年の太政官符では、783（延暦2）年に「護国霊験威力神通大自在王菩薩《ごこくれいげんいりきじんつうだいじざいおうぼさつ》」と称されたとされています。この太政官符は、『東大寺要録《とうだいじようろく》』に引用されています。その後、807（大同3）年の太政官符では、「八幡大菩薩《はちまんだいぼさつ》」と称されています。こちらは、『類聚三代格《るいじゆうさんだいきやく》』に出てきます。

以降、八幡神は八幡大菩薩と呼ばれることが一般化します。神であると共に、仏となったわけです。このことを形で示したのが僧形八幡神像《そうぎようはちまんしんぞう》です。これは、八幡神が出家して僧侶の姿で修行している姿を表した彫像や図像で、東大寺が所蔵する鎌倉時代の快慶《かいけい》の作が有名です。

神仏習合の時代、神と仏は密接な関係を持ちました。当時、唱えられていたのが「本地垂迹説《ほんじすいじやくせつ》」です。これは、神（垂迹）は仏（本地）が権《かり》に形を変えて世に現れたものとする思想です。神とは仏が化身《けしん》して地上に現れたものだ、というのです。化身はインドに発する考え方です。本地垂迹説が唱えられることで、それぞれの神に本地仏《ほんじぶつ》が存在すると捉えられるようになりました。

それぞれの神の本地仏が何かについては、さまざまな見解があります。たとえば、アマテラスは太陽神《たいようしん》の性格があることから、大日如来《だいにちにょらい》を本地仏とするのが一般的でした。八幡神の本地仏は阿弥陀如来《あみだにょらい》とされましたが、釈迦如来《しゃかにょらい》とされることもありました。さらに、八幡大菩薩という形で直接、仏でもあるとされました。ただし、これはきわめて特殊な例で、アマテラスが天照大菩薩と呼ばれるようなことはありませんでした。

八幡神は神々の世界では重要な存在であり、仏の世界でも八幡大菩薩として重要視されたのです。さらに、第2の皇祖神ともされたわけですから、それを祀った石清水八幡宮の存在感は自ずと高まっていくことになりました。

二所宗廟

石清水八幡宮には、宇佐神宮から八幡神が勧請されました。その勧請にかかわったのが、奈良の大安寺《だいあんじ》の僧侶・行教《ぎょうきょう》です。現在、大安寺はあまり注目されませんが、かつては朝廷の保護を受けた南都七大寺《なんとしちだいじ》（他に東大寺、興福寺《こうふくじ》、元興寺《がんごうじ》、薬師寺《やくしじ》、西大寺《さいだいじ》、法隆寺《ほうりゅうじ》。法隆寺のみ奈良県生駒郡斑鳩町《いかるが》、他は奈良市）に数えられた有力な寺院で、大伽藍を誇りました。

行教がどういった人物だったか、詳細は不明ですが、859（貞観元）年4月15日に宇佐神宮に参拝しています。そして一夏の間、読経するなどして八幡神を回向《えこう》（自分が修めた功徳を他に向けること）しました。すると、八幡神から「都《みやこ》の近くに行って国家を鎮護《ちんご》したい」という託宣が下ります。さらに祈願を続けると、八幡神から「都の近きに移坐《いざ》し王城鎮護《おうじようちんご》を為《な》そう」という託宣がふたたび下されました。行教が鎮座するべき場所を尋ねると、「石清水男山《おとこやま》の峯《みね》なり」という答えが返ってきました。

驚いた行教が、百余遍にわたって八幡神に礼拝をすると、山城国の南東の山頂が光り輝きました。その後、宮中に参上して、このことを奏上すると、勅命が下され、八幡神は男山に遷座することになったというのです。これは、行教自身の手による『石清水八幡宮護国寺略記《いわしみずはちまんぐうごこくじりやつき》』（863［貞観5］年）に記されています。

ただ、同じく行教の『石清水遷座略縁起《いわしみずせんざりやくえんぎ》』（995［長徳元］年）では、違う話になっています。第56代清和《せいわ》天皇が、宇佐神宮に派遣する僧侶について大僧都《だいそうず》の真雅《しんが》に伺いを立てたところ、行教がふさわしいとされたので、行教は勅使として参ることになったというのです。ただし、現存するのは能書家として知られた世尊寺行能《せそんじゆきよし》による鎌倉時代初期の写本なので、こちらは後世に作られた話かもしれません。

こうして、八幡神は男山に鎮座することになったわけですが、清和天皇から３代の天皇の事績を記した史書『日本三代実録《にほんさんだいじつろく》』の８６９（貞観11）年12月29日条には、「掛《か》けまくも畏《かしこ》き石清水の皇大神《すめおおかみ》の広前《ひろまえ》に」とあります。八幡神が皇大神、すなわち皇祖神と位置づけられていたことがわかります。

石清水八幡宮はやがて、伊勢神宮と並んで二所宗廟と呼ばれるようになりました。宗廟とは、もともとは中国で祖先を祀る廟《びょう》を意味しました。それが伊勢神宮に転用され、さらに石清水八幡宮にも使用されたと考えられますが、石清水八幡宮のほうが宗廟としては先行するという説もあります。

神道学者の岡田荘司《おかだしょうじ》さん（國學院大学名誉教授）は、論文「古代・中世祭祀軸の変容と神道テクスト」（名古屋大学グローバルＣＯＥプログラム「テクスト布置の解釈学的研究と教育」第4回国際研究集会、2008年）で、二所宗廟の地位の獲得は院政期に入ってからのこととしています。院政は11世紀終わりから始まります。

前章で、平野神社の祭神である今木神が927（延長5）年の「延喜式」で皇祖神と位置づけられていたことに触れましたが、石清水八幡宮の八幡神のほうが皇祖神としての歴史は古いことになります。

武家の神として

石清水八幡宮は現在も男山に鎮座しています。となると、男山は神体山であり、山中にあった磐座から石清水八幡宮の信仰が始まったとしても不思議ではありません。しかし、男山は神体山ではなかったようです。

さきほど紹介した『徒然草』に登場する仁和寺の僧侶が男山に登らなかったのも、神社は神体山の麓にあるものと考えていたからかもしれません。実際、男山の麓には高良神社が鎮座していますから、それを石清水八幡宮と混同しても無理はないのです。

実は、男山には石清水八幡宮が鎮座する前、石清水寺《いわしみずでら》（現存せず）がありました。鎌倉時代初期に編纂された『宮寺縁事抄《ぐうじえんじしょう》』には、「石清水はもと山寺《やまでら》の名なり。権現、男山に移坐ののち、東面《とうめん》堂を改めて南面《なんめん》となす。薬師堂これなり」とあります。実際、石清水寺に使われたと考えられる播磨《はりま》国（兵庫県南部）産の瓦《かわら》が出土しています。

石清水八幡宮が創建されることで、石清水寺はその神宮寺となり、862（貞観4）年には護国寺《ごこくじ》と名が改められました。以降、石清水八幡宮は「石清水八幡宮護国寺《いわしみずはちまんぐうごこくじ》」として知られるようになり、別当は行教の甥の安宗《あんしゅう》が務めました。男山には「男山四十八坊《おとこやましじゅうはちぼう》」と言われたように、多くの僧坊が建ち並びました。高野山《こうやさん》の金剛峯寺《こんごうぶじ》（和歌山県伊都《いと》郡高野《こうや》町）や比叡山の延暦寺がそうであるように、寺であれば山中にあったとしても不思議ではありません。

寺社の重要性を示す尺度のひとつに、天皇や上皇の行幸や御幸《ごこう》がどれだけの頻度でなされたかがあります。石清水八幡宮護国寺には250回以上、行幸や御幸がありました。1112（天永《てんえい》3）年には、白河《しらかわ》上皇によって大塔《おおとう》が建立され、翌年には宝塔院宝塔《ほうとういんほうとう》（琴塔《こととう》）も建立されています。大伽藍を誇ったのです。

石清水八幡宮護国寺の境内の様子は、時宗《じしゅう》の開祖・一遍《いっぺん》の生涯を描いた絵巻物『一遍《いっぺん》聖絵《ひじりえ》』に記されています。『一遍聖絵』は弟子の聖戒《しょうかい》が言葉を書き、円伊《えんい》が絵を描きましたが、円伊は描くにあたって、改めて一遍の足跡を辿っています。ですから、絵は正確なものと考えられます。その成立は1299（正安元《しょうあん》）年ですが、そこには現在とほとんど変わらない社殿の姿が描かれ、仏塔《ぶっとう》の存在も示されています。

何より重要なのは、石清水八幡宮が朝廷の信仰を集めただけではなく、平安時代末期から勃興した武士、特に源氏の信仰を集めたことです。やがて、八幡神は武家の神となり、戦《いくさ》の神となります。全国各地に八幡神社が祀られるようになるのも、このことが関係しています。

鬼門と裏鬼門

伊勢神宮内宮には、現在地に鎮座するまでに祀り手となったヤマトヒメノミコト（倭姫命）が各地をめぐった伝承があることから、「元伊勢《もといせ》」と呼ばれる神社がいくつもあります。

石清水八幡宮にも、元石清水《もといわしみず》八幡宮（奈良市）が存在します。元石清水八幡宮は807（大同2）年8月17日、前述の行教が、大安寺の鎮守社《ちんじゅしゃ》（寺院の境内にあって寺院を鎮守する神社）とするために、宇佐神宮の八幡神の託宣によって建立されます。その後、行教は八幡神から「京都の男山に祀れ」という託宣を受け、859（貞観元）年に遷座し、石清水八幡宮が創建されたというのです。貞観元年は、石清水八幡宮が創建としている年の前年にあたります。

元石清水八幡宮のサイトでは、託宣を受けた行教は改めて宇佐神宮に出向いたという説と、大安寺から分神した説の2つがあると、説明されています。しかし、石清水八幡宮はどちらの説も否定しています。

行教が大安寺の僧侶であるなら、大安寺の鎮守社として祀ったとしても不思議ではありません。ただ、これについては、真相を確かめる術《すべ》がありません。

石清水八幡宮は、鎮座した地理的な位置が重要です。石清水八幡宮は、平安京の裏鬼門《うらきもん》（南西の方角。陰陽道では鬼が出入りするとして忌《い》まれた）に位置することになったのです。それが意図されたものかどうかははっきりしませんが、鬼門《きもん》（北東の方角。同じく忌まれた）に位置する延暦寺と共に、都を守護する役割を担うようになりました。

鬼門に位置する延暦寺は石清水八幡宮と双璧をなす八坂神社と深く関係していました。

延暦寺の力の源泉

ここからは、八坂神社（祇園社）について見ていきます。

まずは、八坂神社と深い関係にある延暦寺について触れましょう。延暦寺は天台宗の総本山ですが、天台宗は日本の仏教宗派のなかでそれほど大きいわけではありません。浄《じょう》土真宗《どしんしゅう》などに比べると、寺院や信者の数でかなり劣ります。

しかし、鎌倉時代に誕生した各宗派の開祖（法然《ほうねん》［浄土宗《じょうどしゅう》］、親鸞《しんらん》［浄土真宗］、日蓮［日蓮宗《にちれんしゅう》］、栄西《えいさい》［臨済宗《りんざいしゅう》］、道元《どうげん》［曹洞宗《そうとうしゅう》］）は、一遍（時宗）を除いて皆、一度は比叡山に登り、天台宗の教えを学んでいます。延暦寺は言わば仏教の総合大学であり、新しい仏教の流れを学ぶための登竜門の役割も果たしました。

延暦寺を開いたのは最澄です。最澄は785（延暦4）年、20歳の時に、東大寺の戒壇《かいだん》（僧侶が守るべき規範である戒《かい》を授ける儀式などを行う場所）で、具足戒《ぐそくかい》（出家者が守るべき戒）を授けられると、すぐに比叡山に登り、山林修行を始めたとされています。

最澄がなぜ比叡山を選んだのか、理由ははっきりしませんが、問題はそのあとです。最澄が入山した時点では長岡京の建設が始まっていましたが、やがて平安京への遷都が行われます。もし、長岡京が平安京のように長く都になっていたら、延暦寺の運命も、そこを開いた最澄の運命も、大きく変わっていたことでしょう。

というのも、794（延暦13）年に平安京への遷都が行われ、以降、1000年続く都が、比叡山の眼下に広がることになったからです。しかも、延暦寺の位置はすでに述べたように、都の北東、鬼門の方角にあたりました。これはまったくの偶然ですが、最澄は都を絶好の位置に引き寄せたことになります。この位置こそが、延暦寺の力の源泉なのです。

『叡山大師伝《えいざんだいしでん》』『伝教大師和讃《でんぎょうだいしわさん》』では、最澄の父は三津首百枝《みつのおびとももえ》であり、三津首は後漢《ごかん》の皇帝の子孫・登万貴王《とうまんきおう》の末裔であるとされています。これは事実とは言えないかもしれませんが、この伝承は、最澄が渡来人であった可能性を示しています。

ただ、そのことが最澄の生涯に与えた影響については、さほど重要なことは指摘されていません。僧侶ですから、家族や親族が重要性を持たなかったからかもしれません。

日吉大社が急発展した理由

延暦寺が密接な関係を持った神社は、同じく滋賀県大津市に鎮座する日吉大社です。日吉大社には、東本宮《ひがしほんぐう》と西本宮《にしほんぐう》の2つの本殿があります。

東本宮には、神体山と言うべき牛尾山《うしおやま》（八王子山《はちおうじさん》）の山頂に奥宮として牛尾《うしお》神社（牛尾《うしお》宮《ぐう》）と三宮《さんのみや》神社（三宮《さんのみや》）があります。2つの神社の間には、金大巌《こがねのおおいわ》という磐座が鎮まっています。私は登ったことがありますが、険《けわ》しくて難儀をしました。日吉大社の信仰は、この金大巌から始まったようで、東本宮は牛尾神社の里宮《さとみや》（山上の本殿に対して麓にある神社）にあたります。

東本宮の祭神はオオヤマクイ（松尾大社ではオオヤマグイ）で、西本宮はオオナムチノカミ（大己貴神）です。

オオヤマクイは、第1章で触れたように『古事記』に登場します。そこでは、比叡山に座し、紀元前91（崇神《すじん》天皇7）年に山頂から現在地に移されたとされます。崇神天皇は第10代天皇とされていますが、実在したかはわかりません。

オオナムチは、日吉大社の社伝によれば、668（天智天皇7）年に大神神社から勧請されたとされます。

日吉大社も、平安京遷都以前から鎮座していたことになりますが、鎮座しているのは近江国であり、都とその周辺を意味する畿内《きない》（山城国、大和国、河内国、和泉国《いずみ》［大阪府南東部］、摂津国《せっつ》［大阪府北中部・兵庫県南東部］）ではありません。日吉大社が、二十二社の最後に加えられたのも、こうした地理的なことが関係していたと考えられます。

比叡山に登った最澄は、一乗《いちじょう》止《し》観院《かんいん》という草庵を結びました。これが、のちに延暦寺に発展するわけですが、延暦寺と呼ばれるようになるのは、最澄の没後です。

最澄は、比叡山の地主神である日吉大社を守護神として崇敬するようになりました。日吉大社はその後、延暦寺の守護神となることで大きく発展していきます。多くの摂社・末社が建てられるようになり、その数は最多で境内社《けいだいしゃ》１０８、境外社《けいがいしゃ》１０８におよんだと言われます。

そのうち、東本宮と西本宮を含む７つの社《やしろ》が「山王七社《さんのうしちしゃ》」と呼ばれます。山王とは、最澄が中国留学の際に学んだ天台宗の中心的な寺院・国清寺《こくせいじ》に祀られた天台山の守護神「山王元弼真君《さんのうげんひつしんくん》」に由来します。東本宮と西本宮の他は、宇佐宮《うさぐう》、牛尾宮、白山宮《しらやまぐう》、樹下《じゅげ》宮《ぐう》、三宮で、それぞれの祭神は、タゴリヒメノカミ（田心姫神）、オオヤマクイの荒魂、ククリヒメノカミ（菊理姫神）、カモタマヨリヒメノカミ（鴨玉依姫命）、その荒魂です。

タゴリヒメは宗像三女神の一柱でタキリビメとも言い、ククリヒメは白山《はくさん》神社の総本社である白山《しらやま》比咩《ひめ》神社（石川県白山《はくさん》市）の祭神で、シラヤマヒメノカミ（白山比咩神）と同体とされます。カモタマヨリヒメは、『日本書紀』にタマクシヒメ（玉櫛媛）として登場し、初代皇后ヒメタタライスズヒメ（媛蹈鞴五十鈴媛）の母になります。

こうした山王七社を上七社とする「山王《さんのう》二《に》十一社《じゅういっしゃ》」もあり、日吉大社では複雑な神々の体系が形成されました。そして、祭神は総称して「山王権現《さんのうごんげん》」と呼ばれました。

これに匹敵するのは、熊野三山《くまのさんざん》（熊野《くまの》本宮《ほんぐう》大社［和歌山県田辺《たなべ》市］、熊野《くまの》速玉《はやたま》大社［同新宮《しんぐう》市］、熊野那智《くまのなち》大社［同東牟婁《ひがしむろ》郡那智《なち》勝浦《かつうら》町］）くらいでしょう。熊野本宮大社だけでも12の社殿があり、それぞれに別々の祭神が祀られています。また、熊野三山の祭神を総称して「熊野《くまの》権現《ごんげん》」と言います。

密教の興隆

最澄は、国清寺で中国天台宗の道邃《どうすい》から学び、大乗《だいじょう》菩薩戒《ぼさつかい》（菩薩の自覚を持って守るべき戒律）を授けられました。これが、やがて比叡山に大乗《だいじょう》戒壇《かいだん》を設けることにつながります。さらに、最澄は帰国直前、密教《みっきょう》の灌頂《かんじょう》（香水《こうずい》を頭に注ぐ儀式。受戒する時などに行う）を受け、日本に密教関係の書物や法具をもたらしました。

最澄が密教をもたらしたことで、それまで体系的な形では日本に伝えられていなかった密教に対して、期待が大きいことが判明します。密教には、儀礼によって現実を変える力があると信じられたからです。日本で最初に密教の灌頂を行ったのも最澄です。

その後、同じ遣唐使《けんとうし》船で中国に留学していた空海《くうかい》が帰国します。空海は、唐《とう》の都の長《ちょう》安《あん》に赴き、真言密教の正統な継承者である恵果《けいか》から本格的に密教を学んでいました。最澄には、空海が学んできたことの価値がわかっていたのでしょう。年下の空海に弟子入りすると、改めて密教を学びます。最澄が亡くなったあとは、その弟子である円仁《えんにん》や円珍《えんちん》が中国に渡り、本格的に密教を学び、それを日本に伝えました。

こうして、天台宗に密教が取り入れられ、「台密《たいみつ》」（天台宗で伝える密教）と呼ばれるようになりました。空海の開いた真言宗《しんごんしゅう》は、「東密《とうみつ》」（東寺で伝える密教）と呼称されます。

やがて、密教は日本の伝統的な山岳宗教と結びつき、修験道が生まれます。また、陰陽道とも混じり合っていきました。それによって、神仏習合という事態が深化していくことになり、神や仏だけではなく、さまざまなものが結びつき、そこでは異様な神々や霊が跋扈する物語世界が作り上げられていくのです。

不思議な神々

こうした物語世界は、今日《こんにち》では「中世神話」と呼ばれます。神話学者の山本《やまもと》ひろ子《こ》さん（和光大学名誉教授）は著書『中世神話』（岩波新書）のなかで、中世神話とは「中世に作成された、おびただしい注釈書・神道書《しんとうしょ》・寺社縁起《じしゃえんぎ》・本地物語《ほんじものがたり》などに含まれる、宇宙の創世や神々の物語・言説」であると説明しています。

中世神話の世界には、『古事記』『日本書紀』には登場しない、不思議な神々が出てきます。山本さんの『異神――中世日本の秘教的世界』上下（ちくま学芸文庫）では、そうした神々の例として、新羅明神《しんらみょうじん》、摩多羅神《またらじん》、宇賀神《うがじん》、牛頭天王が紹介されています。

新羅明神は円珍が中国から帰国する際、船に現れたとされ、園城寺《おんじょうじ》（三井寺《みいでら》。滋賀県大津市）の守護神とされています。園城寺は延暦寺と同様に天台宗ですが、延暦寺が「山門《さんもん》」と呼ばれたのに対して、「寺門《じもん》」と呼ばれ、対抗関係にありました。

園城寺に安置されている新羅明神像は極端な垂《た》れ目で、三角形の顎鬚《あごひげ》を特徴とする怪異な神像です。園城寺には数々の国宝が収蔵されていますが、秘仏《ひぶつ》とされるものが多く、新羅明神像もそのひとつです。最近では、2009年の「国宝 三井寺展」に出品されました。私はそこで新羅明神坐像を拝観しましたが、その異様な姿は忘れられません。残念ながら、現時点では、次の公開は予定されていません。

摩多羅神も天台宗で守護神とされ、2人の童子を従えています。唐風《とうふう》の頭巾《ずきん》をかぶった狩衣《かりぎぬ》姿で、左手に鼓《つづみ》を持ち、右手でそれを打とうとしています。延暦寺などでは、常《じょう》行三昧《ぎょうざんまい》という苦行を実践する常行堂《じょうぎょうどう》に祀られています。延暦寺は東塔《とうどう》、西塔《さいとう》、横川《よかわ》に分かれていますが、常行堂は西塔にあり、対《つい》になっている法華堂《ほっけどう》と共に「にない堂」と呼ばれています。武蔵坊弁慶《むさしぼうべんけい》が2つの堂を結ぶ廊下に肩を入れて担《かつ》いだという伝承があるからです。

なお、出雲大社の神宮寺であった鰐淵寺《がくえんじ》（島根県出雲市）には、摩多羅神を祀る摩多羅《またら》神社が鎮座しています。

宇賀神は、古代の神話に登場する穀物神ウカノミタマと習合した蛇神《へびがみ》です。弁財天《べんざいてん》とも習合し、宇賀弁財天《うがべんざいてん》とも呼ばれます。

牛頭天王は、東部に牛の頭を戴《いただ》き、疫病をもたらすとも、逆に疫病を防ぐ力を有するとも言われます。八坂神社の祭神は明治になるまで、この牛頭天王とされていました。牛頭天王はどこで生まれた神なのか、正体は不明です。特徴的なのはさまざまな神、仏、人間と習合したことで、神としては武塔天神《むとうてんじん》やスサノオ、仏としては薬師如来《やくしにょらい》、人間としては蘇民将来《そみんしょうらい》と同一視されました。

武塔天神は、蘇民将来の伝説に登場します。異国の神である武塔天神は北海にいましたが、嫁を探しに南海を訪れた際、蘇民将来と巨旦《こたん》将来という兄弟に出会います。武塔天神が宿を乞《こ》うたところ、金持ちの巨旦は断《ことわ》りますが、貧しい蘇民はもてなしてくれました。そこで武塔天神は、ふたたび訪れた際に蘇民の娘に茅《ち》の輪をつけさせて目印とするように告げ、茅の輪がない巨旦の子孫は皆殺しにしてしまいました。

貧富の差がある兄弟という設定は、昔の物語によくあるパターンですが、物語の展開がユダヤ教の過越祭《すぎこしのまつり》（ユダヤ教三大祭のひとつで春分後に行われる）の起源と似ていることがよく指摘されます。この伝説から、八坂神社では疫病除けに「蘇民将来之子孫者」と記された、さまざまな護符《ごふ》が作られるようになりました。また、祇園祭では「蘇民将来子孫也」と記した厄除《やくよ》け粽《ちまき》が配られます。

延暦寺vs.興福寺

八坂神社（祇園社）の創建については、２つの説があります。

ひとつの説では、６５６（斉明《さいめい》天皇２）年に、高句麗から来日した伊利之使主《いりしおみ》が創建したとされています。ただし、これについては史料による裏づけがありません。

もうひとつの説は、興福寺の僧侶・円如《えんにょ》が８７６（貞18）年に創建したというものです。この場合、円如が創建したのは観慶寺《かんぎようじ》という寺院です。これは、室町時代に祇園社の社務執行職であった晴顕《せいけん》が記した『社家条々記録《しやけじようじようきろく》』に出てきます。

興福寺もそうですが、当時の寺院には薬師如来を本尊とするところが多く、観慶寺の本尊も薬師如来でした。やがて観慶寺には祇園天神堂《ぎおんてんじんどう》が建てられました。『日本紀略』の延長４（９２６）年６月26日条に、その名が登場し、修行僧が建立したとあります。また、平安時代末期に編纂された史書『本朝正紀《ほんちようせいき》』によれば、９９９（長保《ちようほう》元）年６月14日に、祇園天神会《ぎおんてんじんえ》が行われたとされています。

祇園天神堂には天神が祀られています。天神と言えば、現在ではたいがい菅原道真の霊を指します。それを祀るのが天満宮であり、天神社《てんじんしゃ》です。菅原道真を祭神とする北野天満宮の創建は947（元暦《げんりやく》元）年ですから、祇園天神社のほうが先になります。したがって、祇園天神社で祀られたのは道真の霊ではありません。漠然とした天《てん》の神《かみ》だったのでしょう。桓武天皇が郊祀で祀った天神との関連が注目されますが、両者を結びつけた史料はありません。

第2章で述べたように、863（貞観5）年には御霊会が行われるようになり、66本の鉾を立てた869（貞観11）年の御霊会が、祇園社の祭礼である祇園祭の起源であるとされています。その時点では観慶寺は創建されていませんから、その後に両者は結びつけられたことになります。

934（承平《じようへい》4）年には、観慶寺に感神院《かんじんいん》という子院《しいん》（本寺の境内にあり、本寺に所属する小寺院）が設けられ、こちらが観慶寺に代わって祇園社の別当寺となり、「祇園感神院《ぎおんかんじんいん》」と呼ばれるようになります。『二十二社註式』では、935（承平5）年6月13日に朱雀天皇によって観慶寺は定額寺《じょうがくじ》と定められたとされています。観慶寺は国分寺《こくぶんじ》などの官寺《かんじ》に次ぐ地位を得たわけです。

ここで重要なことは、祇園社が当初は興福寺の末寺であったのが、途中から延暦寺の末寺に変わったことです。このことについて、平安時代末期の説話集『今昔物語集《こんじゃくものがたりしゅう》』の第31巻第24話に「祇園成比叡山末寺語」として出てきます。

この説話では、祇園社の別当として良算《りょうさん》という僧侶が登場します。良算は、祇園社の東にあった蓮華寺《れんげじ》の僧侶と対立し、蓮華寺の紅葉《もみじ》を折ってよこせと無理な要求をします。それに対して、蓮華寺の僧侶は、自分たちは延暦寺の末寺だとして断り、紅葉をすべて伐採してしまいました。このことを天台座主《てんだいざす》（天台宗の僧侶で最高位）の良源《りょうげん》が蓮華寺から聞き、良算を呼び出すのですが、祇園社は興福寺の末寺なので、天台座主の呼びつけには応じられないと拒否します。

こうして、延暦寺と興福寺が対立することになりました。延暦寺の側は、祇園社の神人《じにん》（下級の神職）に無理矢理、祇園社は延暦寺の末寺であるという文書に判を押させてしまいます。それを楯に、良源は良算を祇園社から追い出しにかかるのです。これに対して、良算は武士を雇い、抵抗しますが、良源は僧兵を祇園社に送り込みます。その結果、良算の雇った武士は逃亡してしまい、良算は祇園社を追い出されることになりました。こうして、祇園社は興福寺から延暦寺の末寺に変わったのです。

『今昔物語集』は史書ではなく、説話集ですから、史実を伝えているとは限りません。ただ、他の史料からも、良源が天台座主であった時代に、祇園社が延暦寺の末寺になったことがわかります。祇園社は以前に、同じく興福寺の末寺だった清水寺と争っており、延暦寺に庇護を願った可能性があるのです（畑中智子「鬼大師の誕生――『今昔物語集』収録説話を端緒に」『武蔵野大学日本文学研究所紀要』5、2017年）。

良源は912（延喜《えんぎ》12）年に生まれ、985（永観3）年に亡くなっています。また、祇園社が延暦寺の末寺になったのは、974（天延《てんえん》2）年のことですが、良源は966（康保《こうほう》3）年に天台座主に就任していました。『今昔物語集』の説話と、時系列として矛盾しないのです。

なお、良源は「慈恵大師《じえだいし》」「元三大師《がんざんたいし》」とも呼ばれ、その姿は鬼の姿の角大師《つのだいし》として描かれ、厄除けの護符となりました。

政治力・経済力の拡大

１０７０（延久《えんきゅう》２）年の太政官符において、祇園社の所有地の四至《しいし》（四方の境界）は「東限白河山《しらかわやま》、南限五条《ごじょう》以北《いほく》、西限堤《つつみ》、北限三条末以南《さんじょうすえいなん》」とされました。白河山は東山《ひがしやま》、堤は鴨川《かもがわ》西岸の堤を指しています。京都の東半分が祇園社の境内になったわけで、きわめて広大です。

この頃から、祇園社は紀《き》氏が執行家《しぎょうけ》として支配するようになりました。祇園社の別当は天台座主ですが、紀氏が長官の役割を果たしたのです。特徴的なことは、紀氏が剃髪《ていはつ》した天台宗の僧侶でありながら妻帯し、血族による世襲を行ったことです。

祇園社は広大な境内地を持つことで、その地位を高めていきます。四至が定められる前のことですが、９９５（長徳元）年には二十二社に含まれるようになりました。21番目でしたから、祇園社が新興勢力であったことがわかります。しかし、それから半世紀が過ぎた１０７２（延久４）年３月には、第71代後三条《ごさんじょう》天皇が行幸しています。それ以降、たびたび天皇・上皇による行幸・御幸が行われるようになりました。

祇園社は神社としては日吉大社の末社であり、祇園感神院という寺院としては延暦寺の末寺と位置づけられ、日吉大社と延暦寺の強い統轄下に置かれました。

平安後期以降、祇園社の門前には各地から多数の神人や社僧《しやそう》（神宮寺で仏事を司った僧侶）などが集まり、祇園社に奉仕するかたわら、高利貸しをはじめ、多様な商工業活動に従事しました。祇園社の門前町には、都市が形成されていったのです。

延暦寺が僧兵まで動員して、祇園社を興福寺から奪ったのも、祇園社が多くの土地を寄《き》進《しん》され、京都に広大な境内地を有していたからです。延暦寺は、祇園社を通して京都の町を支配することになりました。

当時は、奈良の興福寺（南都《なんと》）と京都の延暦寺（北嶺《ほくれい》）が二大勢力であり、「南都北嶺」と呼ばれ、朝廷や公家、あるいは平安時代の終わりから勃興する武家と拮抗関係にありました。境内地は国家権力の立ち入りを拒否できる「不入《ふにゆう》」の地となり、鎌倉幕府が成立しても、幕府の警察権はおよびませんでした。

1095（嘉保《かほう》2）年には、延暦寺の僧侶による嗷訴《ごうそ》（強訴）が行われます。日吉大社の神輿を担いで、延暦寺の荘園を奪った美濃守《みののかみ》・源義綱《よしつな》の流罪を要求しました。神輿が内《だい》裏《り》（天皇の居所）に迫ったので、関白の藤原師通《もろみち》は神輿を射《い》るように命じ、それが神輿やそれを担いだ神人にあたります。その後、仏罰を受けた師通は若死《わかじ》にしたと伝えられています。

こうした強訴は、興福寺も行っています。興福寺の僧侶たちは、何枚もの鏡を春日大社の神木につけ、入洛したのです。延暦寺の場合は、祇園社の神輿で強訴を行うこともありました。神輿や神木には日吉大社、春日大社、祇園社の神が宿っていると信じられたので、朝廷も貴族も武家も手を出すことができませんでした。こうして、延暦寺や興福寺は自分たちの要求を無理矢理通すことになったのです。

祇園祭の始まり

経済力を持った祇園社は、京都の人々を動員する祇園祭が行うようになり、時代を経るにしたがい、祭は盛んなものになっていきました。

祇園祭は、祇園御霊会として869（貞観11）年に始まりますが、その段階では、現在の神幸祭《しんこうさい》・還幸祭《かんこうさい》に登場する神輿の渡御《とぎょ》はありませんでした。神輿の渡御が最初に記録に現れるのは、12世紀後半に描かれた『年中行事絵巻《ねんじゆうぎようじえまき》』においてです。これは、後白河《ごしらかわ》上皇が大和絵《やまとえ》の絵師・常盤光長《ときわみつなが》らに命じて描かせたものですが、そのなかに御霊会が登場し、田楽《でんがく》、散楽《さんがく》、獅子《しし》などに囲まれた3基の神輿が描かれています。

3基のうち、牛頭天王の妻である頗梨采女《はりさいじよ》が乗る西御座《にしござ》神輿は、「少将井《しようしようのい》」と呼ばれるようになりました。少将井とは現在の中京区《なかぎよう》烏丸《からすま》竹屋町《たけやまち》下《さが》ル付近にあった井戸のことです。そこが西御座神輿の御旅所《おたびしよ》(神輿が巡行途中でとどまるところ)になっていたことから、そのように呼ばれるようになったのです。

その背景には霊水に対する信仰がありました。頗梨采女は娑伽羅《しやがら》龍王《りゆうおう》の娘とされ、もともと霊水と結びつく要素を持っていました。京都の地下には、滋賀県の琵琶湖《びわこ》から流れ込む豊富な地下水があり、それが京都の食文化を支える役割を果たしています。少将井となった頗梨采女はその象徴となり、3基のなかでも特に注目されるようになりました。

いっぽう、山鉾《やまぼこ》巡行の始まりは、祇園天神会が行われた999(長保元)年に、曲芸や手品を行う雑芸者の無骨《むこつ》が、大嘗祭で悠紀《ゆき》・主基《すき》両国の役人が立つ場所の目印として使われる標山《しめやま》に似せて作山《さくやま》を作り、行列に加わったことにあるとされています。ただ、この話にどれだけ根拠があるのかはわかりません。

14世紀になると、公家の日記に、毎年の祇園会に鉾が登場したことが記録されています。『祇園社記《ぎおんしゃき》』には、応仁の乱の前の段階で58基の山鉾が参加したと記されています。

山鉾を建て、それを巡行するのは、祇園社の氏子町《うじこまち》の役割です。巡行をつつがなく行うには、町内の人々が結束しなければなりません。祇園祭を継続することは、町内を結束させることに大いに貢献するのです。

祇園社の祭神だった牛頭天王は中世神話に登場する異神ですが、鎌倉時代末期に成立した『日本書紀』の注釈書『釈日本紀《しゃくにほんぎ》』に引用された『備後国風土記《びんごのくにふどき》』逸文には、当初からスサノオと習合していたと記されています。だから、明治になって祇園社から八坂神社となった際、祭神はスサノオとされ、頗利采女はクシナダヒメ（櫛名田比売）となったのです。これによって、八坂神社は、神話にもとづく祭神を祀る最強神社としての性格をより強く持つようになりました。

次章では、平安時代の政界に大きな影響力を行使した藤原氏と京都の最強神社とのかかわりを見ていきます。

第4章

最強神社から読み解く藤原氏の謎

摂関政治

平安時代の政治の特徴のひとつが摂関政治です。それまで政治の主導権は天皇にありましたが、貴族の藤原氏などに移ったのです。

3世紀頃、ヤマト王権（ヤマト政権、ヤマト朝廷）が成立し、天皇が国を治めるようになりました。古墳時代には、全国各地に巨大な前方後円墳が作られましたが、次第にそれは大和国に集中するようになり、他の地域の古墳は規模が小さくなっていきます。やがて古墳自体が作られなくなりますが、これは、ヤマト王権が日本全体の権力を掌握したことを意味します（近藤義郎『前方後円墳の時代』岩波文庫）。

飛鳥時代になると、豪族の蘇我《そが》氏が台頭し、力を持つようになります。蘇我氏を打ち破って勢力を拡大したのが藤原氏です。藤原氏の始まりは、大化改新《たいかのかいしん》において功績のあった中臣鎌足《なかとみのかまたり》が天智天皇から藤原姓を授けられたことに求められます。鎌足は藤原氏の始祖とされていますが、中臣氏はもともと祭祀を司る家でした。

鎌足の子が藤原不比等《ふひと》で、4代にわたる天皇に仕えます。大宝律令《たいほうりつりょう》の制定や『日本書紀』の編纂に携わり、大きな功績を残しました。その権力基盤を確立するうえで重要なことは、娘の宮子《みやこ》を第42代文武《もんむ》天皇に嫁がせ、その間に聖武天皇が生まれたことです。さらに、県犬養三千代との間に生まれた光明子《こうみようし》（のちの光明皇后）を聖武天皇に嫁がせ、天皇家と密接な関係を結びました。

不比等には４人の息子、武智麻呂、房前、宇合、麻呂がおり、それぞれ藤原氏の南家、北家、式家、京家の祖となり、その子孫が天皇家と姻戚関係を結ぶことで、権勢を振るいました。なかでも、藤原北家がもっとも栄え、摂関政治の象徴とも言うべき藤原道長《みちなが》を輩出しています。

摂政とは、天皇に代わって政治を行う人物のことです。当初は、女性天皇が即位した時に、他の男性皇族がそれを補佐する形で摂政になりました。それが、天皇が幼少で即位した時の補佐役に変わり、やがて藤原氏が独占するようになりました。

藤原氏の娘が天皇に嫁ぎ、その間に生まれた皇子が幼少時に即位することで、藤原氏は天皇の外戚《がいせき》として権力を振るうようになったのです。なお、関白は、天皇が成人してからの補佐役を意味します。

藤原氏の氏神

藤原氏の氏寺《うじでら》は興福寺で、氏神は春日大社です。いずれも奈良にあります。

興福寺の起源となるのが、飛鳥時代の669（天智天皇8）年に、山城国に創建された山階寺《やましなでら》（現存せず）でした。山階寺は、鎌足の夫人であった鏡王女《かがみのおおきみ》が夫の病気平癒を願って創建したものとされます。それが藤原京《ふじわらきょう》（奈良県橿原《かしはら》市・高市《たかいち》郡明日香《あすか》村）に移されて厩坂寺《うまやさかでら》（現存せず）となります。厩坂寺は、平城京遷都と共に平城京に移され、興福寺となりました。

いっぽう、春日大社の創建は奈良時代です。平安時代後期に成立したと考えられる、春日大社所蔵の『春日社御本地并御託宣記《かすがしゃごほんじならびにごたくせんき》』では、その創建は768（神護景雲2）年11月9日とされています。

鎌倉時代初期、もしくは平安時代後期に成立した『古社記《こしゃき》』では、その際に左大臣であった藤原永手《ながて》が、鹿島《かしま》神宮（茨城県鹿嶋《かしま》市）からタケミカヅチを、香取《かとり》神宮（千葉県香取《かとり》市）からフツヌシを勧請し、併《あわ》せて枚岡《ひらおか》神社（大阪府東大阪《ひがしおおさか》市）に祀られていたアメノコヤネとヒメガミを招いて、4殿で祀るようになったとされます。

永手は、藤原北家の開祖・房前の次男として生まれました。長男の鳥養《とりかい》が早世したため、北家のトップに立ち、正一位左大臣にまで昇進しています。

春日大社の祭神は四柱の神が合わさったもので、総称して「春日神《かすがしん》」と呼ばれます。「春日権現《かすがごんげん》」「春日大明神《かすがだいみょうじん》」と呼ばれることもあります。

これらのうち、アメノコヤネは天孫降臨《てんそんこうりん》の際、ニニギに付き従って葦原中国《あしはらのなかつくに》に降ってきた中臣氏の祖神とされます。その点で、アメノコヤネが藤原氏の氏神である春日大社に祀られるのは当然のことで、ヒメガミはその妻です。

問題は、タケミカヅチとフツヌシです。春日大社の本殿には4つの社殿が建っており、第一殿はタケミカヅチ、第二殿はフツヌシ、第三殿はアメノコヤネ、第四殿はヒメガミを祀っています。つまり、アメノコヤネよりも、タケミカヅチやフツヌシのほうが位置づけが高いことになります。

鹿島神宮から勧請されたタケミカヅチは『古事記』に登場する神で、イザナギが妻の命を奪ったカグツチの首を切り落とした際に、その血から生まれた神のひとつです。出雲の国譲りの際には、アメノトリフネノカミ（天鳥船神）と共に高天原《たかまがはら》から降臨し、オオクニヌシと談判を行っています。また、オオクニヌシの子タケミナカタノカミ（建御名方神）と力比べをして、負かしています。さらに、神武天皇の東征《とうせい》の折には、タケミカヅチの剣《つるぎ》が、熊野《くまの》で大熊にてこずっていた天皇を助けました。

香取神宮から勧請されたフツヌシは、『日本書紀』の一書《いっしょ》（他書からの引用）で、イザナギがカグツチの首を切り落とした際、その血から生まれたイオツイワムラ（五百箇磐石）を祖とするとされています。また、やはり『日本書紀』の一書で、タケミカヅチと共に葦原中国を平定するために遣わされたとされています。

鹿島神宮は常陸国（茨城県のうち南西部を除く）、香取神宮は下総国《しもうさ》（千葉県北部・茨城県南西部・埼玉県東部・東京都東部）に鎮座しており、国が異なります。ただ、古代には、香《か》取海《とりのうみ》、あるいは安是湖《あぜのみなと》を隔《へだ》てて、対岸で向かい合う形になっていました。距離にして13㎞しか離れていません。そのため、「鹿島香取《かしまかとり》」と一括《ひとくく》りで呼ばれることも多く、蝦夷に対する前線基地の役割を果たしていたとも言われます。その点では、2つの神宮の祭神が一括されることに不思議はありません。

では、なぜ鹿島香取の祭神が春日大社に勧請されたのでしょうか。

藤原氏の本拠地の謎

平安時代後期に成立した紀伝体の史書『大鏡《おおかがみ》』では、鎌足の出生地を鹿島としています。そうだとすれば、鹿島からタケミカヅチが勧請された理由もわかります。ところが、『大鏡』よりも古い、760（天平宝字《てんぴょうほうじ》4）年成立の『藤氏家伝《とうしかでん》』などでは、鎌足は大和国高市郡藤原《たかいちふじわら》（奈良県橿原市）の生まれとされています。

後者の場合、藤原の姓の由来も説明できます。その点で正しいとするなら、鎌足が鹿島で生まれたという『大鏡』の説は、春日大社の祭神をもとに唱えられた可能性が出てきます。こうしたもの以外、史料がないので、なぜ鹿島香取の祭神が春日大社に勧請されたのか、理由はわかりません。

アメノコヤネが勧請された枚岡神社は式内社です。神社側の説明では、神武天皇の東征の際、神津嶽《かみつだけ》（大阪府東大阪市）という霊地にアメノコヤネとヒメガミを祀ったことに始まり、第36代孝徳《こうとく》天皇の時代、650（白雉《はくち》元）年9月16日に現在の地に移されたとされています。枚岡神社のある河内国が中臣氏の本拠であったという説もあります。

藤原氏（中臣氏）の本拠地はどこなのか。なぜ鹿島香取の神、あるいは枚岡神社の神が春日大社に勧請されたのか。これらについて、はっきりしたことはわかっていません。藤原氏が栄耀栄華を極めたことを鑑《かんが》みれば、不可解なことですが、その謎は今のところ解きようがありません。

ただ、ひとつの仮説を提示したいと思います。

『日本書紀』は、フツヌシとタケミカヅチは高天原から派遣され、オオクニヌシに対して国譲りを迫ったと述べています。そして、出雲の国譲りが行われ、ニニギによる天孫降臨へと話が進んでいきます。ニニギはアマテラスの孫で、神武天皇の曽祖父にあたります。天孫降臨に結びつく出雲国の国譲りに貢献したということは、フツヌシとタケミカヅチは天皇家を支える重要な役割を果たしたことになります。

となると、春日大社でこの二柱《ふたはしら》の神を祭神にしたことは、藤原氏が「自分たちは天皇家を第一に支える重臣である」と表明したことになるのではないでしょうか。鹿島香取で祀られていた神を勧請したというより、『日本書紀』の神話がもとになっていたのではないか。そう推察できるのです。ただ、これはあくまで私が考えた仮説です。

絵を拝む

春日大社と興福寺は隣接し、両者は密接な関係を保ってきました。特に、神仏習合の時代には、春日大社の祭神と興福寺の本尊が結びつけられました。

春日大社では、1003（長保5）年に創建された若宮《わかみや》に、アメノコヤネの子アメノオシクモネノミコト（天押雲根命）が祀られました。そして、本殿の祭神を含めた五柱の神々に、次のように本地仏が定められました。

第一殿（タケミカヅチ）　釈迦如来、もしくは不空羂索観音《ふくうけんじやくかんのん》
第二殿（フツヌシ）　薬師如来、もしくは弥勒菩薩
第三殿（アメノコヤネ）　地蔵菩薩《じぞうぼさつ》
第四殿（ヒメガミ）　十一面観音《じゆういちめんかんのん》、もしくは大日如来
若宮（アメノオシクモネ）　文殊菩薩《もんじゆぼさつ》

ここに挙げられた本地仏は、いずれも興福寺の堂宇に本尊として祀られています。釈迦如来は、興福寺の中心であり、最近再建された中金堂《ちゆうこんどう》の本尊です。薬師如来は東金堂《とうこんどう》の本尊です。不空羂索観音は当初、講堂に祀られていましたが、のちに南円堂《なんえんどう》に移されました。弥勒菩薩も北円堂《ほくえんどう》に安置されていました。

重要なことは、こうした祭神と本地仏の関係が絵画として表現されたことです。神社を描いたものは一般に「宮曼荼羅《みやまんだら》」と呼ばれますが、春日大社の場合には「春日宮曼荼羅《かすがみやまんだら》」と呼ばれますが、その構図を読み解いてみましょう。

鎌倉時代に作られた奈良市南市町《みなみいち》自治会所蔵のものは、中央に春日大社の参道が描かれ、一之鳥居《いちのとりい》から二之鳥居《にのとりい》へと進むと、その先、中央から左にかけて、第一殿から第四殿が描かれ、右には若宮が描かれています。第一殿から第四殿、若宮の上には、それぞれ円が描かれ、円のなかには各祭神の本地仏が描かれています。後方には、御蓋山《みかさやま》（奈良市）とその背後にある春日山《かすがやま》（同）の姿も描かれています。

南北朝時代に作成されたMOA美術館所蔵のものは、同じように春日大社の境内の様子が下半分に描かれ、上には三笠山が続く形になっています。三笠山の山頂には、春日山を背景にして鹿が描かれています。鹿は春日大社の祭神の使いとされていて、鹿の背には榊《さかき》が立っていて、鏡が金色の円として描かれています。本地仏は、その上に三段にわたって描かれています。

春日宮曼陀羅は大量に作られました。２０１１年には、東京の根津《ねづ》美術館でそれらを集めた展覧会「春日の風景」も開かれています。

大量に作られたのには理由があります。藤原氏はもともと平城京で貴族として活動し、生活していましたが、平安京に遷都されると、京都に移りました。藤原氏の人たちも当初は、京都が千年の都になるとは思っていなかったでしょう。第1章で述べたように、平安京以前には、頻繁に遷都が繰り返されたからです。

もし、最初から平安京が千年の都になることが決まっていたら、春日大社は京都に移されていたかもしれません。また、実際になされたのですが（後述）、勧請という手立てもあります。

春日大社が氏神である以上、藤原氏は京都に移っても、春日大社への信仰を持ち続けました。今なら、京都から奈良まで電車で1時間もかからずに行くことができます。しかし、平安時代の移動手段は徒歩、牛車《ぎっしゃ》、馬などですから、簡単には参詣できません。そこで、藤原氏は春日宮曼荼羅を居室にかけ、それを拝むことで春日大社に参詣する代わりとしたのです。

藤原北家に連なり、摂政や関白を務めた九条兼実《くじょうかねざね》の日記『玉葉《ぎょくよう》』は、平安時代末期から鎌倉時代初期のありさまを知ることができる貴重な史料です。

そのなかで兼実は、春日大社に参詣する代わりに、奈良の僧正《そうじょう》から送られてきた「図《ず》絵《え》春日御社《かすがおんしゃ》」を自宅に掲げ、その前で春日大社に参詣する時と同じように束帯《そくたい》を着け、奉幣を捧げ、読経（『般若心経』一千巻）を行った、と記しています。

「図絵春日御社」は春日宮曼陀羅であると考えられます。こうした目的に用いられたからこそ、春日宮曼陀羅は大量に作られたのです。

ただ、自宅で春日宮曼陀羅を拝むのと、実際に春日大社を訪れて参拝するのとでは、参拝する側の気持ちに大きな違いがあったことは想像できます。そこで、京都でも新しく藤原氏の氏神を祀ることが試みられます。その最初の試みとなったのが大原野神社です。

大原野神社の創建

大原野神社を創建したのは藤原良継の娘で、桓武天皇の皇后となった乙牟漏です。彼女が春日大社の春日神を勧請することで、大原野神社が創建されたのです。そのため、「京春日《かすが》」とも呼ばれます。

大原野神社は、京都市西京《にしきょう》区大原野《おおはらの》南春日《みなみかすが》町に鎮座しています。公共交通機関を使う場合、阪急京都線の東向日《ひがしむこう》駅や桂《かつら》駅、あるいはJR東海道本線の向日町《むこうまち》駅で下り、バスに乗るしかありません（いずれも終点）。神社の北には洛西《らくせい》ニュータウンが広がり、国際日本文化研究センターや京都市立芸術大学がありますが、不便な場所であることは間違いありません。

しかし、創建当時はそうではありませんでした。最寄り駅・東向日駅の南に位置する西向日《むこう》駅そばの大極殿《だいごくでん》公園が長岡宮跡《ながおかきゅうせき》であることからもわかるように、近くに長岡京があったからです。というより、長岡京遷都の際の守護神として創建されたのが大原野神社なのです。

平城京から長岡京への遷都は784（延暦3）年に行われました。ただし、すでに見たように都であった期間は短く、７９４（同13年）には平安京へ遷都しています。大原野神社の創建は長岡京遷都と同じ７８４年で、その祭神は春日大社と同様に春日神です。

大原野神社は、祭神を次のように示しています。

タケミカヅチノミコト（建御賀豆智命）
イワイヌシノミコト（伊波比主命）
アメノコヤネノミコト（天之子八根命）
ヒメオオカミ（比賣大神）

また、若宮にはアメノオシクモネが祀られています。祭神の漢字表記は異なりますが、すべて春日大社と共通しています。イワイヌシはフツヌシです。

春日大社が創建されたのは７６８（神護景雲２）年ですから、大原野神社創建と16年しか違いません。社殿が造営されたのは８５０（嘉祥《かしょう》３）年で、左大臣であった藤原冬嗣《ふゆつぐ》を祖父とする文徳天皇が、冬嗣の願望を実現するために造営を行ったと言われています。

このように、大原野神社は春日大社の影響を色濃く受けています。

なぜ最強神社となったのか

平安時代において、大原野神社が最強神社とされた証拠がいくつかあります。

ひとつは、「斎女《いつきめ》」が存在したことです。『日本三代実録』によれば、866（貞観8）年12月25日、詔によって藤原須恵子《すえこ》を春日大社と大原野神社の斎女にしたとされています。

斎女は伊勢神宮や賀茂神社の斎王と同様、それぞれの神社の祭祀を司る役割を与えられました。斎女が存在したことは、大原野神社がそれだけ重要な神社と見なされていた証拠になります。ただ、伊勢神宮や賀茂神社とは異なり、天皇の娘ではなく貴族の娘が任命されました。さらに、大原野神社の斎女の制度は長続きしませんでした。

もうひとつは、大原野神社に対して盛んに行幸啓《ぎょうこうけい》（天皇と皇后が共に外出すること）が行われたことです。大原野神社の祭礼は「大原野祭《おおはらのまつり》」と呼ばれ、毎年2月上卯《じょうう》の日と11月中子《ちゅうし》の日の2回と定められました。861（貞観3）年には、藤原冬嗣の娘で、第54代仁明《にんみょう》天皇の女御《にょうご》（天皇の寝所に侍《じ》す女性）を経て皇太后となった順子《のぶこ》が行啓《ぎょうけい》（皇后、皇太后、皇太子、皇太子妃の外出）しています。９８１（天元４）年には、円融天皇が行幸しています。天皇の行幸は、13世紀はじめに在位した第84代順徳《じゅんとく》天皇まで続きました。

このように、大原野神社への行幸啓は盛んに行われましたが、目立つのは、藤原氏から送り込まれた后妃《こうひ》の行啓です。その様子は『伊勢物語』や『源氏物語』に描かれています。『伊勢物語』第76段には、清和天皇の女御で第57代陽成《ようぜい》天皇の母となった藤原高子《たかいこ》が、皇太子から寵愛を受けていた御息所《みやすどころ》（宮女《きゅうじょ》）だった頃、大原野神社に詣でた時のことが綴《つづ》られています。

その際、歌人として知られる在原業平《ありわらのなりひら》は、「大原や　小塩《おしお》の山も　今日こそは　神代《かみよ》のことも　思ひ出《い》づらめ」という歌を詠《よ》んでいます。「大原」は大原野神社を、「小塩の山」は標高６４２ｍの小塩山《おしおやま》を指しており、その山頂には第53代淳名《じゅんな》天皇の遺骨が撒《ま》かれたとされています。歌の意味は、御息所の行啓に接し、大原野神社も小塩山も、はるか昔の神代《じんだい》を思い起こしているだろうというものです。

業平は平城天皇の孫にあたりますが、叔父と兄が政治的な問題で失脚したため、権力から遠ざけられてしまいました。そのような境遇のなか、高子と恋愛関係になり、そのもとに通っていたことがありました。高子は将来、皇后になるだろうと考えられていたので、禁断の恋です。この歌には、業平のみずからの昔の恋を思う気持ちが込められているのです。

『源氏物語』第29帖「行幸《みゆき》」には、冷泉帝《れいぜいてい》が大原野神社へ行幸した時のことが描かれています。そこでは、「その師走《しわす》に、大原野の行幸とて、世に残る人なく見騒ぐを、六条院《ろくじょういん》よりも、御方々《おんかたがた》引き出でつつ見たまふ。卯《う》の時に出でたまうて、朱雀《すざく》より五条《ごじょう》の大路《おおじ》を、西ざまに折れたまふ。桂川《かつらがわ》のもとまで、物見車《ものみぐるま》隙なし」と記されています。行幸が京の人々から注目を集めていたとされているのです。

この行幸のモデルになった可能性があるのが、第66代一条《いちじょう》天皇の中宮《ちゅうぐう》（皇后）だった藤原彰子《しょうし》による、1005（寛弘《かんこう》2）年の行啓です。この時のことは、『大鏡』や藤原実《さね》資《すけ》の日記『小右記《しょうゆうき》』に記されています。

『大鏡』では、「大原野の行啓は、いみじう侍《はべ》りし」と、そのすばらしさが称《たた》えられ、彰子の父である道長が名馬に乗って行列に加わったことが記されています。

『小右記』では、出発に際して、陰陽師の安倍晴明が、邪気を祓うために大地を踏み締めながら呪文を唱えたなどと、詳しく述べられています。大原野神社の社頭《しゃとう》での作法は、天皇の行幸の時と変わらないものでした。

当時は、新たに皇后になった女性は大原野神社に行啓し、その守護に与《あずか》ることが必要であると考えられていました。

このように、平安時代の大原野神社は最強神社として君臨していたわけですが、長岡京から平安京への遷都が行われたことはそのあり方に影響を与え、時代が経つにつれて、存在感は薄れていきました。斎女の制度が長く続かなかったことは、まさにそれを象徴しています。

創建者の出世

藤原氏にかかわる神社として、その後台頭し、最強神社として大きな影響力を持つようになったのが吉田神社です。

吉田神社は京都大学の東側に鎮座していますが、京都御所《ごしょ》から歩いても30分ほどの近さです。大原野神社とは違い、京都の中心に位置しています。住所は、京都市左京区吉田《よしだ》神楽岡町《かぐらおかちょう》、同町には標高１０５ｍほどの吉田山《よしだやま》があります。吉田は古くからの地名で、それが神社の名前に取り入れられたのです。

吉田神社の創建は８５９（貞観元）年のこととされています。創建したのは藤原山蔭《やまかげ》です。藤原氏の一族ではありますが、その地位はけっして高いものではありません。最終的な官位《かんい》（官職と位階）は従三位中納言兼行民部卿《みんぶきょう》でした。属していたのは藤原北家の魚名《うおな》流《りゅう》です。魚名流は、藤原房前の五男だった魚名《うおな》から始まりますが、藤原氏においては傍流にすぎませんでした。

山蔭の父である高房《たかふさ》の最終的な官位も、正五位下越前守《えちぜんのかみ》にすぎません。従五位以上は殿上人《てんじょうびと》（天皇の生活する清涼殿《せいりょうでん》の殿上《てんじょう》の間《ま》に昇ること［昇殿《しょうでん》］を許された者）で、従三位以上の公卿でなければ大臣になることはできませんでした。山蔭は父よりも出世したことになりますが、けっして高位ではなく、藤原氏全体をリードするような立場にはありませんでした。

山蔭の屋敷は、京都大学の吉田南構内のある場所にあったと言われます。東一条通《ひがしいちじょうどおり》と近衛通《このえどおり》の間で、吉田山はその東側です。

ということは、山蔭は奈良の春日大社から春日神を勧請し、それを屋敷神として祀ったということなのでしょう。吉田神社はその後、大きく発展していきますが、山蔭自身にはそのような意図はなかったと思われます。九条兼実が居宅にかけて祭祀を行った春日宮曼陀羅と、さほど変わらないものだったのではないでしょうか。当時の藤原氏の各家には、同じような形で春日神が勧請されていたのかもしれません。

ところが、その後、思わぬ展開が待ち受けていました。

山蔭の七男に中正《なかまさ》がいます。その最終的な官位は従四位上摂津守《せっつのかみ》で、山蔭よりも官位は低く、出世を遂げたとは言えません。ところが、中正には2人以上の妻がおり、そのなかに従三位中納言の橘澄清《すみきよ》の娘である巌子《げんし》がいました。

巌子との間に生まれたのが時姫《ときひめ》です。時姫が結婚した相手は、なんと従一位で摂政、関白、太政大臣を歴任した藤原兼家《かねいえ》でした。兼家のもうひとりの妻が、第1章で触れた『蜻蛉日記』の作者です。

時姫にとっては、兼家と結婚したこと自体が大きな出来事ですが、その間には、道隆《みちたか》と道兼《みちかね》が生まれ、さらには道長が生まれました。娘には、第63代冷泉《れいぜい》天皇の女御となり第67

代三条《さんじょう》天皇の母となる超子《ちょうし》、円融天皇の女御となり一条天皇の母となる詮子《せんし》がいます。

つまり山蔭は、女系ではありますが、高官たちの高祖父になったのです。さらに子孫が天皇家に嫁ぎ、次代の天皇を産むことで、山蔭は三条天皇や一条天皇の高祖父の父になったのです。

このことが吉田神社の地位を上昇させることに結びついていきます。

巨大な政治力

山蔭の子孫である一条天皇が即位したのは986（寛和《かんな》2）年でした。『日本紀略』の同年12月条に「十七日辛亥《かのとい》。詔《みことのりをもつて》以吉田社准大原野、行二季《にき》祭、四月中申《ちゅうしん》日、十一月中酉《ちゅうゆう》日」とあり、吉田祭は朝廷による祭である官祭《かんさい》と定められました。翌987（永延《えいえん》元）年には、実際に吉田祭が営まれています。この年、一条天皇も吉田神社に行幸しています。

室町時代の公卿で古典学者の一条兼良《いちじょうかねよし》は、有職故実書『公事根源《くじこんげん》』を著しました。そのなかで「奈良の京《みやこ》には春日の社。長岡の京には大原野。いまの京には吉田社也《なり》」と記しています。吉田神社は、春日大社や大原野神社と共に、藤原氏の氏神三社と称されるまでになっていったのです。

このように、10世紀終わりには吉田神社は藤原氏の氏神となったわけですが、のちの物語世界では、過去を変えてしまうようなことが起こりました。

菅原道真と北野天満宮については次章で取り上げますが、道真は845（承和12）年に生まれ、903（延喜3）年に死去しています。山蔭と生きていた時代が重なっているものの、吉田神社の創建は道真が十代の頃でした。

歌舞伎《かぶき》・浄瑠璃《じょうるり》の作品「菅原伝授手習鑑《すがわらでんじゅてならいかがみ》」は道真を主人公とした作品で、「仮名手本《かなでほん》忠臣蔵《ちゅうしんぐら》」「義経千本桜《よしつねせんぼんざくら》」と共に、三大歌舞伎とされています。そのなかの「車引《くるまびき》」（浄瑠璃では「車引の段」）は、道真が右大臣の頃、左大臣で道真を讒訴《ざんそ》したと言われる藤原時《とき》平《ひら》が吉田神社に参詣する場面です。時平は、歌舞伎・浄瑠璃では「しへい」と呼ばれます。

時平が生きていた時代は、吉田神社はまだ山蔭流が祀る私的な神社であり、藤原氏全体を率《ひき》いる立場にあった時平が参詣することなど考えられません。吉田神社のその後の出世（後述）が過去に投影され、このような設定を生んだのです。

吉田神社が、廣田神社や北野天満宮と共に十九社に加えられるのは、吉田祭が営まれ、一条天皇が行幸した直後の９９１（正暦2）年のことでした。そこには、吉田神社が藤原氏を介して朝廷と深く結びついたことが影響しています。

これによって、二十二社には藤原氏の氏神が三社も含まれることになったわけで、いかに藤原氏の力が大きかったかがわかります。

吉田神道の誕生

時代を経るにしたがい、吉田神社の力はますます強くなりました。

１１０６（嘉承《かしょう》元）年には、4回も奉幣に与っています。鎌倉時代に入ると、上皇による吉田神社への御幸も行われるようになります。１２０６（元久《げんきゅう》3）年には後鳥羽《ごとば》上皇が、１２５５（建長《けんちょう》7）年には後嵯峨《ごさが》上皇が参詣しています。九条《くじょう》家（藤原北家九条流）出身で、鎌倉幕府の第4代将軍・藤原頼経《よりつね》も参詣しています。

１３６０（延文《えんぶん》5）年には、吉田神社は正一位の神階を授かるまでになります。ただ、前述のように神階はあくまで栄誉であり、具体的な力は不随しません。

それよりも、吉田神社から神道の流派「吉田神道」が生まれたことが重要です。吉田神道は唯一神道《ゆいいつしんとう》、卜部神道《うらべしんとう》、元本宗源神道《げんぽんそうげんしんとう》、唯一宗源神道《ゆいいつそうげんしんとう》などとも呼ばれます。

神道は民族宗教であり、創唱者がいませんから、本来なら教えはありません（拙著『［増補版］神道はなぜ教えがないのか』育鵬社）。しかし、中世における神仏習合の時代は仏教の影響を受けて、神道にもさまざまな流派が生まれ、独自の教えを説くようになりました。伊勢神宮の伊勢神道《いせしんとう》、天台宗から生まれた山王神道《さんのうしんとう》、真言宗から生まれた両部神道《りようぶしんとう》などです。

ただ、吉田神道の場合は、神社の総元締めの役割を担うようになった点できわめて異例です。たとえば、江戸幕府が神社統制のために発布した「諸社禰宜神主法度《しょしゃねぎかんぬしはつと》」において、吉田神道に神道裁許状《しんとうさいきょじょう》の発行権限が与えられました。現代の神社本庁のような役割を果たしたとも言えますが、神社本庁は民間の一《いち》宗教法人にすぎません。それに比べ、江戸時代の吉田神道はバックに幕府があったわけですから、公的な権力を有したことになります。

新宗教の先駆けである天理教《てんりきょう》が、江戸時代末期に周囲の民間宗教家から迫害を受けた時、教祖の中山《なかやま》みきの長男・秀司《しゅうじ》は紹介を受けて吉田神道に入門、裁許状を得ました。

その後、すぐに明治時代となり、吉田神道の権威が失われたことで、裁許状に意味はなくなりますが、天理教の教えや儀礼には吉田神道の影響が見られます。

天理教のリーダーは「真柱《しんばしら》」と言いますが、第2代真柱の中山正善《しょうぜん》は、東京帝国大学で宗教学を学んだインテリでした。正善は高等教育機関として天理大学を開き、その図書館では、天理教の財力をもとに国宝級を含む古典籍を蒐集しました。そのなかに、吉田神道関係の古典籍も含まれています。正善は、天理教が吉田神道の影響を受けたことをはっきりと認識していたのです。

吉田兼倶の野望

吉田神道を創始した吉田兼倶は、卜占《ぼくせん》によって朝廷に仕えてきた卜部《うらべ》氏の系譜に属し、吉田家を興《おこ》しました。吉田神社の末社に神龍社《しんりゅうしゃ》がありますが、その祭神は兼倶です。

兼倶が行ったことで注目されるのが、二十二社の基本的文献である『二十二社註式』を著したことです。

兼倶が『二十二社註式』を著したのは、二十二社への奉幣が中断したあとの１４６９

（文明元）年です。吉田神社は応仁の乱により、１４６８（応仁2）年に本殿を焼失してしまいました。そうした危機的状況のなか、兼倶は二十二社に含まれる吉田神社がいかに格式が高いかを世に示しておく必要があると考え、『二十二社註式』を著したのではないでしょうか。

すでに述べたように、中世において、仏教優位の思想である本地垂迹説が広まりました。本地垂迹説では仏が主《しゅ》であり、その垂迹として日本に現れた神は従《じゅう》とされました。これに対抗する形で神道界で主張されたのが、神道優位の「神本仏迹説《しんぽんぶつじゃくせつ》」です。神を主、仏を従としたのです。最初に唱えたのは、伊勢神宮の外宮の神職を務めていた度会行忠《わたらいゆきただ》ですが、兼倶はそれをさらに発展させ、仏教を果実、儒教を枝葉、神道を根本とした「根本枝《こんぽんし》葉花実説《ようかじつせつ》」を唱えました。

そのうえで、兼倶はさまざまに活動し、吉田神道の地位を高めていきます。

古代からの伝統を受け継ぎ、皇室の祭祀を司ってきたのが白川伯王家《しらかわはくおう》（白川家）です。同家は第65代花山《かざん》天皇の孫で、祭祀を司る神祇官《じんぎかん》の長官である神祇伯《じんぎはく》を務めた延信《のぶざね》王から始まります。

兼倶は、この白川伯王家に対抗しようとしました。その象徴的な試みが、「斎場所大元宮《さいじょうしょだいげんぐう》」（以下、大元宮）の建設です。大元宮は吉田神社の境内に鎮座していますが、八角形の茅葺《かやぶ》きです。神社建築としては相当にユニークなもので、他には存在しません。

大元宮で祀られているのは、宇宙の根源的な神とされる「虚無大元尊神《そらなきおおもとみことかみ》」で、この神を中心に天神地祇八百萬神《あまつかみくにつかみやおよろづのかみ》が祀られています。

これは、もともと吉田家の屋敷で祀られていた斎場所《さいじょうしょ》（祭礼行事が行われる場所）を移したものですが、その際に、第103代後土御門《ごつちみかど》天皇から「日本国中三千余座、天神地祇八百万神」と記した勅額《ちょくがく》（天皇直筆の額）を下賜されています。さらに、「神国第一之霊場《しんこくだいいちのれいじょう》、本朝無双之斎庭《ほんちょうむそうのゆにわ》」という綸旨《りんじ》（天皇の意志を伝える文書）も発給されています。1484（文明16）年のことです。

御所に仕える女官たちが記した『御湯殿上日記《おゆどののうえのにっき》』によれば、1489（延徳《えんとく》元）年11月19日、兼倶は伊勢神宮の神器《じんぎ》が斎場所に降りたと天皇に奏上しています。これに対して、天皇はそれを大元宮に安置するよう命じました。

鎌倉時代になると、伊勢神宮の神領《しんりょう》が置かれた御厨《みくりや》（荘園）に祭神を勧請し、神明社《しんめいしゃ》

（天照大御神を主祭神とし、伊勢神宮内宮を総本社とする神社）を祀ることが行われるようになっていました。第1章で、日蓮の遺文が、朝廷の信仰が伊勢神宮から離れていると指摘していることに触れました。日蓮は、出身地の安房国《あわ》（千葉県南部）東条《とうじょう》郷に伊勢神宮の御厨が誕生したことを理由に、アマテラスがそこに移ってきたとも主張していました。

南北朝時代には、伊勢神宮の祭神が各地に飛来する「飛神明《とびしんめい》」という現象が起こるようになります。そこには、戦乱が続いたことが影響していました。伊勢神宮の外宮は1486（文明18）年、放火によって炎上し、御神体《ごしんたい》の安否がわからなくなる事態が生じました。その際、兼倶は朝廷から調査を依頼されますが、伊勢神宮は調査を拒否します。

兼倶はこの経験も踏まえて飛神明が降りたと奏上し、アマテラスを大元宮で祀る祭神に加えることに成功したのです（井上智勝『吉田神道の四百年――神と葵の近世史』講談社選書メチエ）。

しかし、伊勢神宮からすれば、これは兼倶の陰謀にほかなりません。そこで、江戸時代になると、伊勢神宮の神職・出口延佳《でぐちのぶよし》は当時の史料を集め、みずからの見解を記した『神《しん》敵吉田兼倶謀計記《てきよしだかねともぼうけいき》』を著しました（音羽悟「大宮司大中臣精長の時代と遷宮」『明治聖徳記念学会紀要』復刊50号、２０１３年）。神敵とは物騒な表現ですが、兼倶が策を弄《ろう》したことは間違いありません。

『御湯殿上日記』には、斎場所に伊勢神宮の神器が降りたと奏上後の12月13日、兼倶は『二十二社伝』を進講したとあります。『二十二社伝』は『二十二社註式』のことでしょう。兼倶は、飛神明という絶好の機会が到来したことを利用し、吉田神社が朝廷と深い結びつきを持っていることを改めて天皇に認識させようとしたのです。

兼倶は、「神祇管領長上《じんぎかんれいちょうじょう》」を名乗りました。この称号は律令などに定められていたわけではありませんから、勝手に名乗ったことになります。その際に兼倶が持ち出したのは、吉田家の祖先神がアメノコヤネであることでした。まさに藤原氏の祖先神であり、春日大社、大原野神社、そして吉田神社の祭神です。兼倶が相当に権威主義的であったことは確かです。

20世紀に評価された藤原山蔭

藤原山蔭が、藤原氏の氏神をおそらくは屋敷神として祀り始めた時、将来それがどうなるか、想像もしていなかったでしょう。

ところが、山蔭の子孫の女性たちが天皇の母となることで、吉田神社は存在感を増し、天皇が行幸する最強神社となっていきました。さらに、吉田兼倶が歴史の舞台に登場し、吉田神道を興すことで、吉田神社は神社の総元締めの役割を果たすようになり、絶大な権威として神社界に君臨しました。

江戸幕府が消滅し、吉田神道の権威の拠《よ》り所《どころ》だった諸社禰宜神主法度が廃止されると、その地位は決定的に低下しました。神祇管領長上と称することもまったく意味がなくなってしまったのです。

吉田神社には、境内に山蔭を祀る末社・山蔭《やまかげ》神社があります。その創建は1957年と、かなり新しいものです。この年は吉田神社の鎮座1100年にあたり、それに合わせて創建されました。

山蔭が日本料理の流派「四条流庖丁道《しじょうりゅうほうちょうどう》」の創始者とされてきたからです。これには史料的な裏づけはないのですが、烏帽子をつけた直垂《ひたたれ》姿で、庖丁と真魚箸《まなばし》だけを使い、直接手を触れずに魚を捌《さば》く方法です。これは各地の神社にも伝わっており、山蔭神社は山蔭を料理の神として祀ったのです。

吉田神社では同年、菓子の神を祀る菓祖《かそ》神社も末社として創建されています。料理や菓子は、今日の京都において観光の目玉となっています。それに関連した神が祀られるようになったのも、吉田神社が京都の最強神社としての権威を保ち続けてきたことが背景にあるのではないでしょうか。

第5章

怨霊から神になった菅原道真

神として祀られた人間

２０２４年のＮＨＫ大河ドラマ「光る君へ」の主人公は、『源氏物語』の作者・紫式部ですが、もうひとりの主人公は、摂関政治の最盛期を築き上げた藤原道長です。

紫式部の父親・藤原為時《ためとき》の位階は正五位下でしたから、下級貴族になります。紫式部の結婚相手・藤原宣孝《のぶたか》も同じく正五位下でした。

これに対して、道長は藤原北家の生まれであり、父親の兼家の位階は従一位、官職は摂政、関白、太政大臣を務めています。当時は蔭位《おんい》の制があり、五位以上の子（蔭子《おんし》）、三位以上の孫（蔭孫《おんそん》）は21歳になると、父祖の位階に応じた位階を与えられました。道長の場合は従五位下から始まり、最終的には従一位にまで上り詰めています。

「光る君へ」には藤原姓の登場人物が多く、時に混乱します。藤原姓以外には源《みなもと》姓の人物が登場します。源の姓は天皇の皇子や皇孫のうち、臣籍降下《しんせきこうか》、つまりは皇族から離れた者に与えられました。

藤原姓でも源姓でもない登場人物で目を引くのが、陰陽師の安倍晴明です。晴明は従四位下天文博士《てんもんはかせ》で、中務省の陰陽寮《おんようりょう》に所属していました。陰陽寮は天文や暦《こよみ》を司りましたが、陰陽道の信仰にもとづいて儀式を営むことがありました。

道長の日記『御堂関白記《みどうかんぱくき》』には、道長が東三条殿《ひがしさんじょうどの》へ引っ越しをした際、晴明が来て「新宅作法《しんたくさほう》」という儀式を営んだことが出てきます。家々には「宅神《たくしん》」という神がいて、新しい住民の障《さわ》りになる可能性があるため、それを鎮めたのです。今で言う、地鎮祭《じちんさい》です。晴明はこの時85歳で、その年に亡くなっています。当時としては長命で、生涯陰陽師として活躍したことになります。

当時の貴族世界は藤原氏や源氏が中心で、他姓の人物が出世を遂げるのは容易なことではありませんでした。そのことが、北野天満宮に祀られた菅原道真の生涯と、その死後の運命に大きな影響を与えました。

人間である道真は死後、天神《てんじん》として祀られました。日本の民俗学の創始者である柳田《やなぎた》國男《くにお》は、論文「人を神に祀る風習」のなかで、人が神として祀られる条件を「遺念余執《いねんよしゅう》というものが、死後においてもなお想像せられ、従ってしばしばタタリと称する方式をもって、怒りや喜びの強い情を表示し得た人が、このあらたかな神として祀られることになるのであった」と指摘しています（柳田國男『柳田國男全集13』ちくま文庫）。

道真は、まさにこの条件に該当します。同じ条件にあてはまるのが、第2章で触れた崇道天皇をはじめとする怨霊たちで、上御霊神社や下御霊神社などに祀られています。

しかし、崇道天皇は早良親王に死後贈られた名ではありますが、神を意味するわけではありません。神社の祭神とはされていますが、天神のように独立した神になったわけではないのです。ここに、道真との大きな違いがあります。

その違いはいったいどこから生じたのでしょうか。本章では、その点を掘り下げていきます。

漢詩から読み解く道真

菅原道真の伝記は、江戸時代に成立した『菅家三代紀略《かんけさんだいきりやく》』や『菅家寔録《かんけしょくろく》』（松本愼《まつもとしん》［愚山《ぐざん》］著）など、数多く存在します。近代以降、さらには最近でも多くの伝記が編纂されています。しかし、歴史上の人物の場合、その実像、特に本人がどういったことを考えていたのかがはっきりとわかるのは稀《まれ》なことです。

歴史学者の伊藤正敏《いとうまさとし》さん（元・長岡造形大学教授）は、「〔織田《おだ》〕信長《のぶなが》・〔豊臣《とよとみ》〕秀吉《ひでよし》以前で、物語を排除した後にも人間性がある程度わかるのは、〔足利〕尊氏・直義《ただよし》兄弟の二人だけだ。有力政治家でない日蓮、また『徒然草』の著者吉田兼好や『愚管抄《ぐかんしょう》』の著者慈《じ》円《えん》などについては、具体的に思想と人物像を知ることができる」と述べています（『寺社勢力の中世――無縁・有縁・移民』ちくま新書）。

日蓮については、膨大な著作と書状が残っており、その人間性はよくわかります。

いっぽう、日蓮と対比されることが多い親鸞の場合、書状は多くはなく、本人がどのような考えを持っていたかを知るのに苦労します。たとえば、親鸞は妻帯していましたが、なぜ僧侶であるにもかかわらず妻帯したのか、その理由を自身では述べていません。そもそも妻帯したこと自体、まったく言及していないのです。それでも、なぜ妻帯したことがわかるかと言えば、妻の恵信尼《えしんに》の書状が残されているからです。

伊藤さんは挙げていませんが、道真については、その人間性を知る格好の手がかりがあります。道真は数々の漢詩を残していて、そこに彼の気持ちが表現されているからです。

国文学者の滝川幸司《たきがわこうじ》さん（大阪大学大学院教授）は、道真の漢詩をもとに『菅原道真――学者政治家の栄光と没落』（中公新書）をまとめています。

道真が残した漢詩集としては、『菅家文草《かんけぶんそう》』と『菅家後集《かんけこうしゅう》』があります。前者は全12巻で、900（昌泰3）年に道真が編集し、第60代醍醐《だいご》天皇に献呈されました。その時、道真は右大臣の地位にありました。

後者は、大宰府《だざいふ》（九州に置かれた出先機関）へ左遷されたあとに作られた作品を集めたもので、903（延喜3）年頃に詩友であった中納言の紀長谷雄《きのはせお》に贈られたものとされます。道真はその年に亡くなっていますから、みずからの死を意識してまとめた可能性がありきす。為政者が和歌や漢詩を作ることは、古代からの日本の伝統です。『万葉集《まんようしゅう》』には、天皇や貴族の和歌が数多く含まれています。

『菅家文草』には、道真が11歳の時にはじめて作った次の漢詩が冒頭に載っています。

月夜見梅華　月夜に梅華を見る
月耀如晴雪　月の耀《かがやき》は晴れた雪の如《ごと》くで、
梅花似照星　梅の花は照っている星に似ている。
可憐金鏡転　可憐《ああすばらしいことだ》　金の鏡が転《めぐ》って、

庭上玉房馨　庭の上《あたり》で玉房《ぎょくぼう》〔宝玉のような花〕が馨《かお》っているのは。

（滝川『菅原道真』）

道真の和歌や漢詩には、梅の花が出てくるものが少なくありません。花と言えば、現代では桜に大きな関心が寄せられます。しかし、それは江戸時代にソメイヨシノが牛み出されて以降のことで、それ以前は梅がもっとも重要視され、和歌や漢詩に詠まれました。道真の生涯最後の漢詩にも、梅が詠み込まれています。

謫居春雪　謫居《たつきょ》〔追放された住まい〕での春の雪

盈城溢郭幾梅花　〔大宰府の〕城に盈《み》ち郭に溢《あふ》れるのは幾《どれほど》の梅の花なのだろう。

猶是風光早歳華　猶是《やはりこ》の風光〔景色〕は早歳《そうさい》〔一年の初め〕の華《はな》だ。

雁足黏将疑繫帛　〔雪が〕雁の足に黏《ねばりつ》将いているので帛《てがみ》を繫《つな》いでいるのかと疑い、

烏頭点著思帰家　〔雪が〕烏《からす》の頭に点著《つ》くので家に帰れるかと思うのだ。

（滝川『菅原道真』）

これは春の雪を見て詠んだものですが、滝川さんは後半の部分を、道真が「雁の足に粘り着いている白いものは、都への帰還に繋がる手紙ではないか、烏の頭に着いて、黒い頭が白くなった、ならば、家に帰れるのではないか」と思ったと、解釈しています。

漢詩には、望郷の詩が多く含まれています。道真は左遷された大宰府で、なんとか都へ帰りたいと思って望郷の詩を詠んだことになります。

菅原氏のルーツ

菅原道真は901（昌泰4）年、大宰権帥《だざいのごんのそち》に左遷されます。大宰権帥とは、大宰府の長官である帥《そち》の権官《ごんかん》（定員以外に任じられた官員）です。

道真は、京都から大宰府（福岡県太宰府《だざいふ》市・筑紫野《ちくしの》市ほか）への移動を自費で賄《まかな》わなければなりませんでした。しかも俸給はなく、従者も与えられません。政務を執ることも禁じられました。左遷と言うより、流罪と言ったほうがいいでしょう。道真が大宰府に着いた時、その姿を一目見ようと人々が押し寄せたと言いますから、好奇の目にさらされたことが想像されます。

左遷の背景を考えるにあたって注目されるのは、何より藤原氏の生まれではなかったことです。菅原氏は、藤原氏のような高級官僚を輩出する家ではなく、学問の家として知られていました。

菅原氏のルーツを辿ると、古代豪族の土師《はじ》氏に遡ります。土師氏は河内国で栄え、古墳の造営や葬送儀礼にかかわっていたとされます。菅原氏が土師氏から分かれたのは8世紀終わりのことで、菅原古人《ふるひと》から始まります。古人の官位は従五位下遠江介《とおとうみのすけ》と低く、かなり貧しかったようですが、遣唐使として唐に渡った経験がありました。学問に通じ、文章《もんじょう》博士《はかせ》、大学頭《だいがくのかみ》を歴任しています。天皇に学問を教授する侍読《じどく》も務めました。

古人の四男が清公《きよきみ》で、父親と同様に文章博士や大学頭を歴任し、従三位まで昇進しました。公卿に列せられたわけです。遣唐判官《けんとうほうがん》として渡唐し、朝廷の儀式、衣服、名前のつけ方などを唐風に改めることに貢献しています。

古人と清公の功績によって、菅原氏は文章博士を独占するようになります。そのため、多くの門下生を抱えるようになり、屋敷の廊下に学問を志す学生たちが集まってきたことから、「菅家廊下《かんけろうか》」などと呼ばれるようにもなりました。

中国には科挙《かきょ》の制度があり、誰もが上級官僚を目指すことができました(もっとも受験には多額の費用がかかるため、裕福な家に集中しました)。日本は、中国から多くの文化を移入しましたが、科挙については導入しませんでした。官吏登用試験として、課試《かし》が行われましたが、合格しても下級官僚にしかなれません。

藤原氏や源氏といった家が官職を独占し、そうした家に生まれなければ官僚、特に高級官僚である公卿になることができませんでした。やがて、特定の家が役割を分担するようになり、菅原氏は学問の家となったのです。

道真の生涯

菅原清公には4人の男子がありましたが、四男の是善《これよし》は学問に優れていました。是善は、最終的には従三位参議となって公卿に列せられるいっぽう、弾正大弼《だんじょうだいひつ》、刑部卿《ぎょうぶきょう》、勘解由長官《かげゆのかみ》など、行政にもかかわりました。

道真は、是善の三男です。道真は菅原氏の家業となった学問の世界で出世を遂げ、87

7（元慶元《がんぎょう》）年には、式部少輔《しきぶのしょう》と文章博士を兼任します。これによって、菅原氏から4代続けて文章博士が生まれたことになります。

道真は父親の是善と同様に行政の才能にも恵まれました。886（仁和《にんな》2）年には、讃岐守《さぬきのかみ》に任じられています。今で言えば、香川県知事です。当時は任じられても、現地に赴かないことも珍しくありませんでしたが、道真は文章博士などの任を解かれ、赴いています。本人にも周囲にも、左遷という認識があったようです。道真が当時作った漢詩からは、望郷の念を読み解くことができます。

客中三見菊花開　客《たび》の中《なか》三《み》たび菊花が開くのを見るが、
只有重陽毎度来　只《ただ》重陽の日が度毎《そのつど》来ることが有る。
今日低頭思昔日　今日 頭《こうべ》を低《た》れて昔日《せきじつ》を思う。
紫宸殿下賜恩盃　紫宸殿《ししんでん》下で恩盃《おんぱい》を 賜《たまわ》ったことを。

（滝川『菅原道真』）

京都にいた日々のことを思い、天皇から杯を賜ったことを懐《なつ》かしんでいるのです。

それでも、道真は讃岐守の仕事を立派にやり遂げ、行政官としての手腕があることを証明すると、890（寛平《かんぴょう》2）年、京都に戻ります。そして第59代宇多《うだ》天皇に仕えるのですが、道真は宇多天皇に信頼され、翌年には天皇の首席秘書である蔵人頭《くろうどのとう》に就任しています。894（同6）年、道真は遣唐大使《けんとうたいし》に任命されると、中国から学び尽くしたとして遣唐使の廃止を提言。それによって遣唐使は廃止されました（実際には派遣されないままでした）。

897（寛平9）年、醍醐天皇が即位し、宇多天皇は上皇となりました。2年後、道真は右大臣に就任します。

右大臣は、太政大臣、左大臣に次ぐ地位ですから、ナンバー3です。ただ、この時期は太政大臣が不在で、左大臣が藤原時平でした。時平は藤原北家の出身で、摂政、関白、太政大臣を歴任した基経の長男ですから、左大臣に就任するのは当然です。ただし、時平は29歳、道真は55歳です。時平が父親を失ったのは21歳と若かったため、すぐに要職に就くことができませんでした。つまり、道真の出世はその間隙《かんげき》を突いてのものだったのです。

道真は右大臣に任じられた際、辞表を出しています。これは当時の慣例でもありました。官職に任じられたからといって、すぐに受諾することはなかったのです。道真の辞表は3回におよびましたが、これも珍しいことではありません。

問題はその理由です。道真は、自分の家の身分が低いこと、本来は政治に携わらない儒《じゅ》者《しゃ》の家系であること、宇多天皇の抜擢によって地位を得たこと、中傷が増えたことなどを挙げています。注目されるのは、中傷が増えたことです。実際に誹謗中傷を受けていたようで、右大臣に就任すれば、さらに激しくなることが予想されました。

結局、辞表は受理されず、道真は右大臣に就任しました。学問の家の出身、儒者としては異例の出世を遂げたことになります。

しかし、それから2年も経たない901（昌泰4）年正月25日、すでに述べたように、道真は大宰府に左遷されます。そして2年後の903（延喜3）年2月25日、大宰府で亡くなってしまいます。

道真を大宰権帥に任命する際の醍醐天皇の宣命《せんみよう》（お言葉）では――道真は貧しく低い家柄であるにもかかわらず大臣に上り詰めたものの、「権力を専《もつぱ》らにする心」があり、引き立ててくれた宇多上皇の気持ちを思いやらずに、醍醐天皇の廃立を計画し、天皇とその弟・斉世《ときよ》親王との仲を裂《さ》こうとした——となっています。

斉世親王の妻は道真の娘であり、道真は斉世親王を後見する立場にありました。

道真の六世孫となる菅原陳経《のぶつね》は、1106（嘉承元）年に成立した『菅家御伝記《かんけごでんき》』のなかで、道真が左遷された理由を「藤原時平の讒《ざん》」と表現しています。道真は無実であったにもかかわらず、時平の讒言《ざんげん》で左遷になったというのです。

後世、この説が広く受け入れられるようになります。実際、歌舞伎・浄瑠璃の演目で、道真をモデルにした「菅原伝授手習鑑」では、時平は道真を陥れた悪人として描かれています。

問題は、本当に時平の讒言があったのかどうかです。

平安時代の私撰史書『扶桑略記《ふそうりやっき》』の昌泰4（901）年7月10日条に引用された『醍醐天皇日記《だいごてんのうにっき》』では、藤原清貫《きよつら》が宇佐八幡宮への使者に任じられた折、道真の見舞いを名目に大宰府を訪れた際、道真から聞いた話として「みずから謀《はか》ることはなかった。ただ善《よし》朝臣《あそん》（源善《よし》）の誘引を免《まぬか》れることができなかった」ということが出てきます。自分が陰謀を主導したわけではないが、右近衛中将《うこんえのちゅうじょう》だった源善の誘いをはっきりとは断らなかったというわけです。善も左遷されています。

なお、清貫は道真が大宰府に左遷された際、時平から道真を監視するよう命じられていました。だから、道真の言葉を取り次いだのです。

おそらく、清貫が聞き出した通りだったのでしょう。斉世親王が天皇に即位すれば、道真としては強力な後《うし》ろ盾《だて》を得られ、自分の地位を磐石なものにできます。誹謗中傷を受けていた道真としてはそう考えたのでしょう。斉世親王は道真の左遷後、出家しています。道真が大宰府に左遷されても、その後、京都に戻され、枢要な地位に就いた人物もいます。道真にもそのチャンスはあったのかもしれませんが、失意のうちに早々に亡くなってしまいました。

これが道真の生涯です。問題は死後にどうなっていったのかです。

祟りは死後20年から⁉

前述のように、北野天満宮は、菅原道真の怨霊を祀るために創建されました。しかし、道真が亡くなってすぐに祟るとされたわけではありません。道真が亡くなったのは903（延喜3）年で、北野天満宮の創建は947（天暦元）年ですから、創建まで44年もの歳月が経過しています。そこに至るまで、さまざまな出来事が起こりました。

最初に起こったのは908（延喜8）年、藤原菅根《すがね》が雷に打たれて落命する出来事です。菅根は藤原南家に属する従四位上参議でしたが、道真が左遷されるきっかけを作ったと言われています。また、道真を重用した宇多上皇が道真の左遷を押し止めようと参内した時、菅根がそれを門前で阻《はば》んだともされます。

ただ、この時点では、道真の怨霊の仕業《しわざ》とはされませんでした。道真の死とは結びつけられなかったのです。

翌年、藤原時平が39歳で病死した時も同様です。さらに913（延喜13）年、道真左遷の原因を作った源光《ひかる》が鷹狩りの最中に泥沼に転落して溺死した時もそうです。噂はあったかもしれませんが、史料には記されていません。

状況がはっきりと変わるのは923（延喜23）年、時平の妹と醍醐天皇の間に生まれた皇太子の保明《やすあきら》親王が21歳で亡くなった時です。すでに道真の死から20年が経過していますが、『日本紀略』には「世を挙げて云《い》はく、菅帥《かんそつ》の霊魂、宿忿《しゆくふん》の為《な》す所なり」と記されています。保明親王の早すぎる死は道真の霊が長年抱いてきた憤りのせいであると世間で言われている、というのです。

なぜ、事態に変化が生じたのでしょうか。

それを説明する史料はないのですが、ひとつ注目されるのが、その年の1月から京都で流行していた咳病です。流行していたことを考えると、インフルエンザの可能性が考えられます。今とは医療環境がまったく違いますから、相当な被害が出たことが想像できます。保明親王が亡くなった原因は不明ですが、インフルエンザだったのかもしれません。

疫病が流行して、人々が不安に陥っていた。だからこそ、道真の霊の憤《いきどお》りに原因が求められたのです。同年4月20日、道真は従二位《じゆにい》大宰権帥から右大臣に復され、正二位が追贈されています。朝廷は道真に原因があると捉え、疫病を抑えるために、道真の復権を試みたのです。

しかし９２５（延長3）年、保明親王の第1子で皇太子となっていた5歳の慶頼《よしより》王が天然痘で亡くなります。こうなると、遡って菅根、時平、源光の死についても、道真の霊の仕業と考えられるようになったのかもしれません。

それでも、まだこの段階では道真の霊が怨霊としては捉えられてはいなかったように見受けられます。

ところが、重大な事件が起こるのです。

清涼殿落雷事件

930（延長8）年6月26日のこと、干天《かんてん》が続いていたため、宮中の清涼殿に諸卿が集まり、雨乞いの相談をしていました。その時、そこに雷が落ちたのです。大納言民部卿だった藤原清貫は火が衣服に燃え移り即死してしまいます。右中弁内蔵頭《うちゅうべんくらのかみ》の平希世《まれよ》も顔を焼かれ、瀕死の状態に陥ります（のちに死亡）。雷は隣の紫宸殿にも落ち、右兵衛佐《うひょうえのすけ》の美努忠包《みぬのただかね》が亡くなり、他に2人が雷に打たれましたが、こちらはほどなく回復しています。これが清涼殿落雷事件です。

醍醐天皇は衝撃を受け、咳病で3カ月後に亡くなってしまいます。享年46でした。

この事件が起こったことで、道真が雷神を操《あやつ》っているとされるようになったと言われますが、それを裏づける史料はありません。

ここで取り上げたいのが、修験者の道賢《どうけん》（日蔵《にちぞう》）のことです。『扶桑略記』には『道賢上人冥途記《どうけんしょうにんめいどき》』が引用されており、それによれば――道賢は941（天慶4）年8月、金峰山《きんぷさん》（山梨県甲府市《こうふ》・長野県南佐久郡川上村《みなみさくかわかみ》）で修行中に倒れ、修験道の祖・役小角《えんのおづの》のもとに現れた蔵王菩薩《ざおうぼさつ》の導きによって、「日本太政威徳天《にほんだいじょういとくてん》」と呼ばれる魔王《まおう》のところへ赴きます。威徳天は、「自分は道真の霊である。世の中で起こっている疫病や災厄は自分が引き起こしているものだ」と道賢に語りました。その後、道賢は地獄を案内され、醍醐天皇や廷臣《ていしん》たちが地獄の業火《ごうか》に責め苛《さいな》まれている光景を目撃した――とされます。

このことは、内容にすこし違いがありますが、『日蔵夢記《にちぞうゆめのき》』にも出てきます。

地獄については各種の仏典に記されていますが、日本でそれが広まるうえで決定的な役割を果たしたのが、天台宗の僧侶・源信《げんしん》の『往生要集《おうじようようしゆう》』です。そこでは、八大地獄《はちだいじごく》（等《とう》活地獄《かつじごく》、黒縄地獄《こくじようじごく》、衆合地獄《しゆごうじごく》、叫喚地獄《きようかんじごく》、大叫喚地獄《だいきようかんじごく》、焦熱地獄《しようねつじごく》、大焦熱地獄《だいしようねつじごく》、無間地獄《むけんじごく》）が詳細に描かれています。ただ、『往生要集』が成立したのは985（寛和元）年ですから、道賢が地獄に赴いたあとになります。

また、平安時代初期の公卿・小野篁《おののたかむら》は、昼間は官吏として働き、夜は冥府《めいふ》（死後の世界）で閻魔大王《えんまだいおう》の補佐をしたという伝説があります。六道珍皇寺《ろくどうちんのうじ》には、篁が地獄に通ったとされる井戸が残されています。

『道賢上人冥途記』に閻魔大王は出てきませんから、地獄の観念はまだはっきりとした形を取っていなかったと考えられます。おそらく、道賢は夢で地獄を体験したと思われますが、この時代は夢で見たことは事実であると見なされていました。

なぜ北野の地だったのか

『道賢上人冥途記』では、道真の怨霊が疫病などの原因であり、その祟りによって醍醐天皇などは地獄に落とされたとされていますが、道真の霊を北野に祀ることについては言及されていません。

それを結びつけたのが、『菅家御伝記』に収められている次の話です。

道賢が魔王となった道真に会った翌年の942（天慶5）年7月、平安京の右京七条《うきょうしちじょう》二坊《にぼう》に住んでいた多治比文子《たじひのあやこ》に道真の霊が降り、「北野の右近《うこん》の馬場《ばば》に自分を祀れ」という託宣が下されます。右近の馬場は近衛《このえ》の役人の競馬《くらべうま》が行われていた場所で、左近《さこん》の馬場《ば》と対になっていました。しかし、文子は貧しかったため、自分の家で祠を祀るしかありませんでした。

5年後の947（天暦元）年、近江国《おうみのくに》比良宮《ひらのみや》の禰宜・神良種《みわのよしたね》の子である7歳の太郎丸《たろうまる》に、道真の霊から、「自分が祀られたいと思う場所に松を生じさせる」という託宣が下されます。すると、一夜にして千本の松が、右近の馬場に生えたため、良種と北野朝日寺《きたのあさひでら》（現在の東向観音寺《ひがしむきかんのんじ》）の僧であった最珍《さいちん》が文子と共に、同年6月に北野に神殿を造立しました。これが北野天満宮の創立とされます。

これらの伝承では、道真の霊が北野に祀られたのは託宣によるものとされています。しかし、生前の道真は北野と縁があったわけではありません。ここで注目されるのが、北野には、道真が生まれる前から天神社が祀られていたことです。

『続日本後紀』によれば、836（承和3）年2月1日に遣唐使のため、北野に天神地祇《てんしんちぎ》を祀ったとされています。また、元慶年間（877〜885年）には、藤原基経が五穀豊《ごこくほう》穣《じょう》を北野の雷公《らいこう》に祈願したとされています。

さらに、源高明《たかあきら》が有職故実について記した『西宮記《さいきゅうき》』の裏書《うらがき》（注釈・補遺《ほい》）のひとつには、904（延喜4）年12月19日に左衛門督《さえもんのかみ》・藤原某に豊作を祈願して雷公を北野に祀らせたとあります。

現在、北野天満宮の境内には地主《じぬし》神社が祀られており、こうした祭祀が行われたのは同社が鎮座している場所だったとされます。北野天満宮が創建される前から、北野では天神や雷公が祀られていたのです。

これらのことをまとめると、次のように推察できます。すなわち――道真の怨霊が噂されるようになった時、すでに北野には天神が祀られており、それは雷公として信仰されていた。道真の霊が雷を操ったという話が生まれたことで、道真の霊と天神・雷公が習合し、北野天満宮の創建に結びついた――。

多治比文子や太郎丸の話も、こういったことを背景に生まれたものと考えられます。

987（永延元）年、北野天満宮ではじめて勅祭として北野祭《きたのまつり》が営まれ、「北野天満大自在天神」の称《しょう》が贈られました。993（正暦4）年6月26日には、道真に正一位左大臣の位が贈られ、閏《うるう》10月20日にはさらに太政大臣が追贈されています。これで、道真は死後においてではありますが、最高位に上り詰めたことになります。

他の怨霊たちは上御霊神社をはじめとするさまざまな神社に祀られましたが、神として新しい名を授けられたのは、道真の霊が最初です。これは、かなり特殊なことなのです。

怨霊から神へ

怨霊は、疫病や天変地異といった災厄をもたらす存在です。それは強い力を持つ神にも言えることで、そうした神が祀られるのは疫病などが流行し、それを鎮めるためとされることが少なくありません。重要なことは、神として祀られることで次第に鎮まり、祟らなくなるばかりか、逆に利益を与える存在になっていくことです。

道真の霊の場合はまさにそうでした。

平安時代後期に成立した藤原清輔《きよすけ》の歌論書『袋草紙《ふくろぞうし》（子《し》）』には、１１２７（大治《だいじ》２）年頃に白河上皇の勘気《かんき》を被った清輔の父・顕輔《あきすけ》が、無実を訴える歌を唐鏡《とうきょう》の裏に書いて北野天満宮に奉献したところ、罪を晴らすことができたという話が出てきます。

また、鎌倉時代後期の仏教説話集『撰集抄《せんじゆしよう》』には、平安時代の漢詩人で文章博士の橘直幹《なおもと》が無実の罪で流罪にされようとしていた時、北野天満宮に参籠して罪を免れたという話が出てきます。

こうしたことからは、道真の左遷が冤罪だったという話が広まっていたことがわかります。やがて、北野天満宮に祀られた道真の霊は冤罪に陥った人間を救う「雪冤《せつえん》の神」として信仰されるようになっていくのです。

では、どうやって怨霊を鎮め、利益をもたらす神にしていくのでしょうか。その際に求められたのが、仏教の力です。中世から近世にかけての神仏習合の時代には、神社に別当が置かれ、僧侶が就任することが一般的でした。

2022年、北野天満宮で珍しい行事が復活しました。「北野御霊会《きたのごりようえ》」です。すでに触れたように、御霊会は怨霊を鎮めるために行われます。

北野御霊会の始まりは、前述の北野祭に求められます。それ以降、北野御霊会は繰り返し営まれていたのですが、応仁の乱で中断しました。ですから、550年ぶりの復活ということになりました。具体的には、北野天満宮の宮司《ぐうじ》が本殿で祝詞を奏上し、捧げ物をしたあとに、延暦寺の僧侶たちが「法華三昧《ほっけざんまい》」という法要を営んだのです。

明治になって神仏分離が行われて以降、こうした行事はほとんどなくなってしまいました。今でも残っているものとしては、春日大社の「日供始式並興福寺貫首社参式《につくはじめしきならびにこうふくじかんすしやさんしき》」があります。これは、正月2日に本殿の前で興福寺の僧侶が読経するものです。

北野天満宮の初代別当は、曼殊院《まんしゆいん》の初代門主《もんしゆ》・是算《ぜさん》です。曼殊院と兼務する形になったのですが、是算が選ばれたのは菅原家の出身であったからだとされています。しかし、是算が本当に菅原氏の出身であったのかどうか、菅原氏の系図では確かめられません。ただ、北野天満宮の別当には正別当《せいべつとう》とそれに次ぐ権別当《ごんべつとう》があり、正別当には是算以降、菅原氏が就任していないのに対して、権別当はおおむね菅原氏が就いています。是算以降、曼殊院の門主が北野天満宮の別当を兼務したかどうかも、史料的には裏づけられません（竹居明男「北野別当に関する基礎的考察――十三世紀半ばまでの北野別当歴代の復元を中心に」『人文学』170号、2001年）。

このように、北野天満宮の別当と菅原氏との関係は、はっきりしないところがあるわけですが、別当が明治になるまで北野天満宮に置かれていたことは間違いありません。しかも正別当は皆、延暦寺の僧侶でしたから、北野天満宮はずっと延暦寺の支配下にあったことになります。その時代には、北野天満宮の本殿で仏教式の法要が営まれていたはずです。

太宰府天満宮の成り立ち

道真の霊を祀る神社としてはもうひとつ、北野天満宮とは別系列の太宰府《だざいふ》天満宮（福岡県太宰府市）があります。創建の事情は北野天満宮とは関係がなく、次のようなものです。

任地の大宰府で没した道真の遺骸を埋葬地へ運ぶために牛車で引かせたところ、途中で牛が動かなくなったため、その地に葬《ほうむ》られました。そして905（延喜5）年8月、道真の門弟とされる味酒安行《うまさけのやすゆき》がそこに廟《びょう》を建立し、天原山廟院安楽寺《てんげんさんびょういんあんらくじ》と号しました。その後、道真の霊を鎮めるために、醍醐天皇の勅を奉じた藤原仲平《なかひら》が大宰府に下向《げこう》して、道真の墓所の上に社殿を造営しました。これが太宰府天満宮の創祀に結びつきます。

別当は、菅原家の嫡流である高辻《たかつじ》家（現在は西高辻《にしたかつじ》家）が代々、務めています。

勧請によって祭神が別のところに祀られることで、神社は増えていきます。しかし、北野天満宮と太宰府天満宮の場合はどちらかから勧請されたのではなく、独立して生まれたわけです。

いっぽう、全国にある天満宮や天神社は、北野天満宮か太宰府天満宮のどちらかから勧請されたものがほとんどです。

ただ、天神祭《てんじんまつり》で名高い大阪《おおさか》天満宮（大阪市）は勧請によるものとはされていません。大阪天満宮は６５２（白雉３）年に難波長柄豊碕宮《なにわのながらのとよさきのみや》（大阪市）が生まれた際、孝徳天皇が大将軍社《だいしょうぐんしゃ》を祀ったことに始まるとされます。道真が左遷された際に、その大将軍社に参拝したという伝承があり、さらに道真が亡くなったあと、９４９（天暦３）年に大将軍社の前に7本の松が突然生え、光を放ったことから、第62代村上《むらかみ》天皇の勅命で天満宮が創建されたというのです。

しかし私は、大阪天満宮の創建は太宰府天満宮から勧請されたことによるものと考えています。というのも、大阪天満宮の行事に鷽替神事《うそかえしんじ》があるからです。これは、木彫りの鷽を「替えましょう、替えましょう」と言い合って、おたがいに交換するものですが、太宰府天満宮にはあっても、北野天満宮にはありません。そのため、大阪天満宮は太宰府天満宮から天神を勧請したのではないかと考えられるのです。

2つの伝説

天神信仰が北野天満宮と太宰府天満宮を両輪として広まっていくなか、さまざまな伝説が生まれました。

ひとつは「飛梅《とびうめ》」伝説です。

先に触れたように、道真の和歌や漢詩には梅が読み込まれたものが多いのですが、道真は大宰府に左遷される際、「紅梅殿《こうばいどの》」と呼ばれた邸宅に植えられていた梅の木との別れを惜しみ、「東風《こち》吹かば　にほひおこせよ　梅の花　主《あるじ》なしとて　春を忘るな」の歌を詠みました。

すると、梅の木は、大宰府へ去った道真を慕って一夜のうちに空を飛んでいったというのです。合理的に考えれば、道真が大宰府に植え替えたか、種を植えたのではないかと推測されます。

いっぽうで、梅と天神の結びつきは鎌倉・室町時代、禅宗《ぜんしゅう》の僧侶たちが広めたとも言われます。禅僧《ぜんそう》は中国に渡る機会も多く、その文化に直接触れていました。中国の詩文の世界では梅が題材として愛好されてきましたから、そこから結びつけられたのでしょう。

梅が天神と結びついたことで、天満宮では社紋として「梅紋《うめもん》」が用いられるようになります。北野天満宮は「星梅鉢《ほしうめばち》」、太宰府天満宮は「梅花《ばいか》」です。道真の子孫と称した加賀《かが》藩（藩祖・前田利家《まえだとしいえ》）の前田家では「加賀梅鉢《かがうめばち》」を家紋として用いました。天神信仰が広がった地域の公家や武家は梅紋を家紋とするようになっていきました。

もうひとつが「渡唐天神《ととうてんじん》」伝説です。

鎌倉時代の臨済宗の僧侶で、のちに東福寺《とうふくじ》を開山した円爾《えんに》が大宰府の崇福寺《そうふくじ》（福岡市）にいた時のこと、道真の霊が現れ、「禅を学びたい」と言い出しました。円爾が無準師範《ぶじゅんしはん》（円爾が宋《そう》で学んだ高僧）のもとで学ぶよう進言したところ、霊は一夜にして宋に渡って参禅して戻り、悟りの証として法衣と一枝の梅を携えてきたというのです。

この時の道真を描いたものが渡唐天神像《ととうてんじんぞう》です。

次々に加えられたご利益

禅僧たちが道真に関心を持ったのは、生前の道真が学問の家に生まれ、それに秀《ひい》でていたからです。そこから学神《がくしん》、すなわち学問の神としての信仰が生まれることになります。

北野天満大自在天神の称が贈られる前年の986（寛和2）年、『日本往生極楽記《にほんおうじょうごくらくき》』を編纂した平安時代の文人・慶滋保胤《よししげのやすたね》は、「菅丞相廟《かんしょうじょうびょう》に賽《さい》する願文《がんもん》」を記しています。そのなかで、天神は「文道《ぶんどう》の祖・詩境《しきょう》の主」であり、北野の社頭に文士が集まって詩篇《しへん》を献じたと述べています。「文道」は文学・学芸の道、「詩境」は詩に歌われた境地のことです。

興味深いのは、学問の神として信仰されるようになった天神が、さらに書道の神として信仰されるようになっていったことです。

道真に正一位左大臣の追贈が決まると、993（正暦4）年8月、道真の曽孫であった菅原幹正《すけまさ》が勅使として大宰府に遣わされました。その時、位記《いき》（位階を授けられる時に与えられた文書）を置いた台に紙があることを発見し、開いてみると、そこには七言絶句《しちごんぜっく》の詩が記されていました。これは、「神筆《しんぴつ》」と呼ばれ、大宰府から京に送られると、外記局《げききょく》に収められました。

この神筆が今に残っていたなら、道真自筆の書として価値を持ったはずです。ところが、道真の書いた書はこの神筆を含め、まったく残っていません。道真が能書家だったという話も、生前には伝わっていませんでした。

にもかかわらず、天神が学問の神、詩文《しぶん》の神として祀られるようになることで、道真は能書であっただろうと見なされ、そこから書道の神として信仰を集めるようになっていきました。

これは、江戸時代に寺子屋《てらこや》で道真が書道の神、手習いの神として祀られるようになったことで広がりを見せていきます。寺子屋では、手習いに使う筆に感謝すると共に、その上達を願って、天満宮の境内に筆塚《ふでづか》を建て、そこに使えなくなった筆を収めるようになりました。また、道真を描いた掛け軸が掲げられ、道真の命日を偲《しの》ぶ天神講《てんじんこう》が営まれるようになっていきました。

さらに、現代では、学問の神ということから、受験の神として信仰されることに発展してきます。祟りをもたらす怨霊が、長い年月をかけて、学問や受験において利益（ご利益）を与える神に変容していったのです。

天神はそれ自体としては、神話に登場するものではありません。しかし、その名称は天神地祇に通じますから、その点では、神話の世界と強い結びつきを持っていると言えます。

しかも、北野天満宮が創始された平安時代、桓武天皇は郊祀を行い、天の神である昊天上帝を祀りました。

重要なことは、『道賢上人冥途記』などに記されたように、道真の霊にまつわる物語が次々と形成されたことです。これも、第3章で触れた中世神話の一角を形成するものと言えるでしょう。

中世神話の世界では、『古事記』『日本書紀』に記された神話が、それぞれの寺社の縁起などに結びつき、荒唐無稽とも言える壮大な物語世界が形成されていきました。飛梅伝説や渡唐天神の伝説も同様です。神話的・伝説的な物語が形成されることによって、北野天満宮は京都の最強神社として確固たる地位を築き上げたのです。

第6章

神の都と、神社の変容

寺の奈良、神社の京都

京都は奈良と並ぶ日本の代表的な観光地であり、海外からも多くの観光客が訪れます。観光客の目当てはさまざまでしょうが、京都と奈良では、訪れる場所の選択が異なるように思えます。

奈良の場合、主な対象は仏教寺院で、仏像を拝観します。京都でも、清水寺《きよみずでら》や金閣寺《きんかくじ》(鹿苑寺金閣《ろくおんじきんかく》)などの寺院が対象ですが、仏像を拝観することが主たる目的であることは少ないのではないでしょうか。

神社に関して言えば、奈良には春日大社があるものの、多くの観光客が参詣する神社はさほど多くありません。逆に京都には、八坂神社、伏見稲荷大社、北野天満宮など多くの神社が観光客を集めています。

このように、同じ古都でも、奈良と京都はその性格が異なるのです。

奈良時代、都は主に平城京でした。そこには、現在でも規模の大きな寺院が存在しています。東大寺、興福寺、薬師寺、唐招提寺《とうしょうだいじ》(奈良市)などです。平安時代になると、「南都七大寺」と称され、唐招提寺を除いて、他に大安寺、元興寺、西大寺、法隆寺が含まれました。大安寺と元興寺はかつて、立派な伽藍を備えていましたが、その後、衰えています。

奈良の寺院は「南都六宗《なんとろくしゅう》（三論宗《さんろんしゅう》、成実宗《じょうじつしゅう》、法相宗《ほっそうしゅう》、倶舎宗《くしゃしゅう》、華厳宗、律宗《りっしゅう》）」とも呼ばれ、各宗派の教えを学ぶものでした。中国の寺院が山中に設けられたのに対して、奈良の寺院は主に、平城京という都市内に設けられました。そのぶん、世俗の世界との関係は緊密で、寺院は鎮護国家《ちんごこっか》（仏教によって国を護ること）の役割を期待されました。

やがて、平城京の寺院は大きな力を持つようになり、政治に干渉することが多くなったため、桓武天皇は平安京遷都を行ったという説もあります。この説については異論もありますが、遷都した段階で、平安京に設けられた官寺と言えるような大規模な寺院は、東寺と西寺《さいじ》（現存せず）しかなかったことは事実です。

東寺と西寺は、平安京のメインストリートである朱雀大路《すざくおおじ》を挟んで建ち、同じような伽藍配置でした。その南には、羅城門《らじょうもん》が建てられています。

西寺は平安時代にはすでに衰えていますが、東寺は真言宗を開いた空海に与えられ、真言密教の道場として繁栄しました。空海が考えたとされる講堂の立体曼陀羅《りったいまんだら》が有名です。

ただし、それは平安京遷都以降のことで、都が京都に遷った段階では、主要な寺院は清水寺、広隆寺《こうりゅうじ》、鞍馬寺《くらまでら》くらいしかありませんでした。

のちに大きな影響力を持つ延暦寺は、最澄が比叡山に登り、一乗止観院と呼ばれる草庵を結んだ状態にすぎませんでした。

平安京の3寺院

広隆寺の創建は諸説ありますが、重要なのは、渡来人の秦氏の氏寺であったことです。第1章で述べたように、平安京遷都以前に渡来人が京都で勢力を拡大していました。広隆寺には、「宝冠弥勒《ほうかんみろく》」と呼ばれる弥勒菩薩半跏思惟像《みろくぼさつはんかしゆいぞう》があります。これは、韓国の国立中央博物館に所蔵されている国宝の金銅弥勒菩薩像《こんどうみろくぼさつぞう》との類似が指摘されており、朝鮮半島から渡来したのではないかとも言われています。

鞍馬寺の創建は、寺伝では、鑑真《がんじん》の高弟である鑑禎《がんちょう》が770（宝亀元）年に鞍馬山《くらまやま》で草庵を結び、毘沙門天《びしゃもんてん》を安置したことに始まるとされています。

清水寺は、興福寺の僧侶で子嶋寺《こじまでら》（現在は奈良県高市郡高取町《たかとり》）で修業していた賢心《けんしん》（延《えん》鎮《ちん》）が778（宝亀9）年に夢のお告げで、現在地の音羽山《おとわやま》へ向かい、そこで千手観音《せんじゅかんのん》を念じ続けていた僧侶の行叡《ぎょうえい》と出会い、行叡の残した霊木《れいぼく》で千手観音像を刻んだのが始まりとされています。

重要なことは、奈良の寺院はもっぱら僧侶が学問を学ぶ場であったことに対して、京都の寺院はそれ以外の役割も果たすようになったことです。

広隆寺は聖徳太子との縁が強調され、官寺として役割を期待された時期もあったようですが、火災で焼失後は空海の弟子によって再興され、真言宗の寺院として祈禱《きとう》などを役割としていきました。

鞍馬寺も9世紀末には真言宗の寺院となり、鎌倉時代に入ると、天台宗の青蓮院《しょうれんいん》の末寺になりました。牛若丸《うしわかまる》（のちの源義経《よしつね》）が修行を行ったという伝説もありますが、それも修行の山として知られていたからにほかなりません。

清水寺は観音霊場《かんのんれいじょう》として知られ、その様子は『枕草子』や『源氏物語』に描かれています。清水寺の眼下には、京都の葬送の地であった鳥辺野《とりべの》が広がっています。清水寺は、遺体がそこかしこに埋葬されたり、放棄されたりしているような地域に聳《そび》える観音信仰の霊場だったのです。

平安時代以降、京都の街中《まちなか》に、新たに寺院が創建されていきますが、後期以降が多く、浄土信仰（浄土宗、浄土真宗、時宗）にかかわるものや、禅宗（臨済宗、曹洞宗）、日蓮宗の寺院が主になりました。たとえば、金閣寺は臨済宗相国寺《しょうこくじ》派です。

いっぽうで京都には、ここまで見てきたように、平安京遷都以前から有力な神社が存在していました。賀茂神社、伏見稲荷大社、松尾大社、梅宮大社、貴船神社などです。

平安時代に入ると、桓武天皇にゆかりのある平野神社が誕生し、宇佐神宮から八幡神を勧請して石清水八幡宮が鎮座するようになります。さらに、怨霊を鎮めるための御霊会から祇園社（八坂神社）が生まれ、藤原氏が権力を握ることで、大原野神社や吉田神社が新たに創建されました。藤原氏との権力争いに敗れた菅原道真の霊を祀る北野天満宮も生まれています。

このように、平安時代が終わるまでの約４００年間、京都には実に多くの神社が創建され、平安京遷都以前からあった神社も朝廷や貴族と結びつくことで整備され、大きな力を持つようになっていきました。

つまり、平城京が街中に有力な寺院が存在する「仏の都」であったのに対して、平安京は有力な神社が数多く鎮座する「神の都」と捉えることができるのです。

それは、平安京に多種多様な神社が生まれたことにとどまりません。平野神社の今木神のような新しい神が登場したり、祇園社や北野天満宮のように怨霊が神として祀られたりしました。石清水八幡宮には国家鎮護の役割が期待されました。もともとは藤原氏の傍流が祀った吉田神社からは吉田神道が生まれ、やがては神社界全体をその支配下に置くようになったのです。

神の都としての平安京が神道の世界、神への信仰の世界を大きく変容させたと言えるのです。

神社の役割の変化

平安時代は、神社の社会的な位置づけにも大きな変化が起こりました。

そのひとつが、「延喜式神名帳」の影響です。「延喜式神名帳」には2861社が記載され、それらは「式内社」と呼ばれて、古くからの由緒を持つものと認められました。式内社のなかにはその後、所在がわからなくなったものもありますが、多くは現存しています。

朝廷は式内社を重視しました。式内社は、神祇官の奉幣を受ける官幣社《かんぺいしゃ》と、国司《こくし》の幣帛を受ける国幣社《こくへいしゃ》に分けられ、さらに官幣大社《かんぺいたいしゃ》と官幣《かんぺい》小社、国幣大社《こくへいたいしゃ》と国幣小社《こくへいしょうしゃ》に分けられるようになります。これが神社の格、すなわち社格《しゃかく》です。

その数は官幣大社だけで、３０４座１９８所におよびます。座は神の、所は祀られた場所の数を表しています。

やがて、国家が重大な危機に陥った時に幣帛を捧げる神社として二十二社が選ばれることになります。これも平安時代のことです。二十二社のうち京都に鎮座しているのは11社ですから、いかに京都の比重が大きいかがわかります。

他に、朝廷とかかわりのある神社に、神宮があります。

神宮と言えば、通常は、伊勢神宮を指します。伊勢神宮が大神宮と呼ばれてきたことは、第1章で述べた通りです。『日本書紀』で神宮と呼ばれたのは、伊勢神宮、石上神宮、出雲大社だけでした。「延喜式神名帳」では、伊勢神宮、鹿島神宮、香取神宮だけが神宮とされました。

明治に時代が変わると、天皇や皇室の祖先神を祀る神社も神宮と呼ばれるようになります。京都では、平安神宮、白峯《しらみね》神宮、新日吉《いまひえ》神宮がそれにあたります。

第5章で紹介したように、柳田國男は、人が神として祀られるにあたっては恨みを鎮めることがもっとも重要だと指摘しました。このことは怨霊にも該当します。武家社会では、戦いに敗れた武将が「新八幡《しんはちまん》」として祀られるようになります。そこには、八幡神が武家の神として信仰されるようになったことが影響していました。

江戸時代になって、戦乱の世ではなくなると、恨みを抱いて敗死するような武将もいなくなり、風習に変化が見られるようになります。恨みを鎮めるためではなく、功績を顕彰するために神として祀るようになっていくのです。京都にはその先駆けとなる神社がありまます。それが豊国《とよくに》神社です。

天下人を祀る

豊国神社には、天下人・豊臣秀吉が豊国大明神《とよくにだいみょうじん》として祀られています。秀吉が神として祀られたのは秀吉の遺言によるものという説があります。

イエズス会の宣教師フランシスコ・パシオは、秀吉は死後に「シンハチマン、すなわち、新しい八幡《ハチマン》と称されることを望みました。なぜなら八幡は、往昔のローマ人のもとでの軍神マルスのように、日本人の間では軍神として崇《あが》められていたからです」と述べています（ルイス・フロイス著、松田毅一・川崎桃太訳『完訳フロイス日本史5 豊臣秀吉篇Ⅱ』中公文庫）。

しかし、秀吉が死の直前、1598（慶長《けいちょう》3）年8月5日に残した遺言状では、死後に新八幡として祀られたいという希望は述べられていません。

秀吉の子・秀頼《ひでより》が、その翌年3月5日に豊臣政権の五奉行《ごぶぎょう》のひとり前田玄以《まえだげんい》を通して朝廷に奏上した文書では、「ゆいこんに、あみたのたけの大しやにいわられたきのことにて」とあります（『御湯殿上日記』1588［慶長4］年3月5日）。「あみたのたけ」とは、秀吉が建立した方広寺《ほうこうじ》の東方にある阿弥陀ヶ峰《あみだみね》のことで、実際、秀吉はそこに葬られています。ここでは、「大しや（大社）」としか言われておらず、新八幡として祀るよう遺言したとはされていません。どうやら秀吉は、新八幡として祀られることを遺言してはいないようです。

では、なぜ豊国大明神として祀られるようになったのでしょうか。

それは、吉田神道の当主・吉田兼見《かねみ》の働きかけによるものでした。吉田神道では、創始者である兼倶以来、遺骸の上に社殿を建て、それを神として祀るスタイルを取ってきました。第4章で紹介した神龍社は、兼倶を神龍大明神《しんりゅうだいみょうじん》として祀っています。以降、吉田家の歴代の当主は、同じような形で死後に神として祀られていきました。

兼見は、吉田神道の伝統にもとづいて、秀吉を豊国大明神として祀ることを提案し、朝廷からその神号を賜れるようはからいました。豊国という神名は豊臣姓から来るものですが、神話に出てくる日本の古い名前、豊葦原中津国《とよあしはらのなかつくに》に由来すると説明されました。

その後、豊臣家は1615（慶長20）年の大坂夏の陣で滅亡してしまいます。勝利を収めた徳川家康は、豊国大明神の神号も社領も没収しました。社殿は残されたものの、修理も施されないまま放置されたのです。復興されたのは明治になってからで、1880（明治13）年に現在地に社殿が再建されました。

秀吉の前に天下統一を果たしたとされる織田信長を祀るのが、船岡山《ふなおかやま》の中腹に鎮座する建勲《たけいさお》神社です（「けんくんじんじゃ」とも呼ばれます）。祭神としては、信長の子・信忠《のぶただ》も祀られています。創建は明治に入ってからで、1869（明治2）年、明治天皇によって建織田社《たけしおりたのやしろ》として創建されました。

秀吉を祀った豊国神社を実質的な廃社に追い込んだ家康は死後、東照大権現《とうしょうだいごんげん》として東照宮《とうしょうぐう》（日光東照宮《にっこうとうしょうぐう》［栃木県日光《にっこう》市］、久能山東照宮《くのうざんとうしょうぐう》［静岡市］ほか）に祀られました。

どのような形で家康を祀るかで論争があり、家康の側近であった天台宗の僧侶・天海《てんかい》が、吉田神道の神龍院梵舜《しんりゅういんぼんしゅん》（吉田兼見の弟）などに勝利し、天海の説いた山王一実神道《さんのういちじつしんとう》の形式で祀られました。

信長も秀吉も家康も、死後の霊が祟りを引き起こしたことで神として祀られたわけではありません。それとは異なり、顕彰のために祀られたことになります。

江戸時代には、各藩の藩主が神として祀られるようになります。たとえば、第3代将軍・家光《いえみつ》の弟で会津《あいづ》藩初代藩主の保科正之《ほしなまさゆき》を祀った土津《はにつ》神社（福島県耶麻《やま》郡猪苗代《いなわしろ》町）などです。しかし江戸幕府はそうした神社の創建を禁じ、土津神社に対しては吉田家から授けられた神号を記した神額を掲げないよう干渉してきました。それでも、ひそかに祀る藩もありました。

明治に時代が変わると、幕府が倒れたことで、藩主を自由に祀ることができるようになりますが、廃藩置県によって藩自体が消滅してしまいました。

国家による祭祀

明治政府は、神道を「国家の宗祀《そうし》」と位置づけたこともあり、明治維新で功績のあった国学者や志士たち、新政府の高官や軍人を神として祀ることを積極的に行いました。また、南朝《なんちょう》の天皇や皇族、彼らに尽くした忠臣を次々に神として祀っていきました。さらに、神武天皇をはじめとする代々の天皇も神として祀るようになっていきます。

そのひとつが、京都霊山護国《きょうとりょうぜんごこく》神社です。境内地の山側には、坂本龍馬《さかもとりょうま》、中岡慎太郎《なかおかしんたろう》、木戸孝允《きどたかよし》（桂小五郎《かつらこごろう》）をはじめとする幕末の志士１０４３人の墓が並んでいます。彼らが京都で亡くなり、東山の地に葬られたからです。

京都霊山護国神社には、京都府をはじめ、山口県、高知県、福岡県、鳥取県、熊本県の招魂社《しょうこんしゃ》（幕末から明治にかけて国難に殉じた者の霊を祀る招魂場《しょうこんじょう》を改称したもの）も建っています。

招魂場の先鞭をつけたのが、薩摩《さつま》藩と共に明治新政府の中核を担った長州《ちょうしゅう》藩です。長州藩では、攘夷《じょうい》を掲げてイギリス、フランス、オランダ、アメリカと戦った1863（文久《ぶんきゅう》3）年の下関《しものせき》事件と、翌年の四国艦隊下関砲撃《しこくかんたいしものせきほうげき》事件で戦死者を出しています。1865（慶応《けいおう》元）年8月、奇兵隊《きへいたい》を組織していた高杉晋作《たかすぎしんさく》の発案で、戦地となった桜山《さくらやま》（山口県下関《しものせき》市）に招魂場が設けられました。そこには、戦死した奇兵隊士の共同墓地が造られました。そして、鳥居と社殿が設けられ、招魂社が建立されたのです。

京都霊山護国神社は、長州藩の招魂社を発展させたものですが、京都から東京に遷都されると、九段《くだん》に東京招魂社《とうきょうしょうこんしゃ》が建てられ、靖国《やすくに》神社（東京都千代田《ちよだ》区）へと発展していきました。もし、東京に遷都されなければ、京都霊山護国神社が靖国神社になっていたかもしれません。

明治の創建ラッシュ

前述のように、明治時代に入ると、全国各地に皇室関係の神々や天皇を祀った神宮が創建されました。その経緯を見てみましょう。

平安神宮は1895（明治28）年、平安京遷都1100年を記念して創建されました。祭神は、平安京遷都を成し遂げた桓武天皇と明治天皇の父である第121代孝明《こうめい》天皇です。その本殿は、平安京の大内裏《だいだいり》（内裏）の正庁である朝堂院《ちょうどういん》を模したものですが、1976年には、新左翼の過激派に放火され、焼失しました。現在の本殿は、1979年に再建されたものです。創建時からある大極殿《だいごくでん》（外拝殿《げはいでん》）、白虎楼《びゃっころう》・西歩廊《にしほろう》、蒼龍楼《そうりゅうろう》・東歩《ひがしほ》廊《ろう》、應天門《おうてんもん》は重要文化財に指定されています。

白峯神宮が神宮と称するようになるのは1940（昭和15）年からですが、創建は1868（慶応4）年に遡ります。保元《ほうげん》の乱（1156年）に敗れて讃岐国に流罪となり、12世紀終わりに怨霊と見なされるようになった第75代崇徳《すとく》天皇の御陵《ごりょう》（香川県坂出市《さかいでし》）を現在地に移して、創建したものです。

命じたのは孝明天皇ですが、創建時には死去しており、明治天皇の時に社殿が完成しました。孝明天皇は、幕末の動乱を崇徳天皇の怨霊のなせる業《わざ》と捉えたようです。その点では、北野天満宮や御霊神社と共通しています。

白峯神宮が建てられた場所は、藤原北家の流れを汲《く》む飛鳥井《あすかい》家の邸宅跡でした。飛鳥井家は明治に伯爵に叙せられると、京都から東京へ移り、その場所が空いたからです。飛鳥井家は蹴鞠《けまり》の師範の家だったため、白峯神宮の末社である精大明神《せいだいみょうじん》は球技の上達にご利益があるとされています。白峯神宮では蹴鞠の奉納も行われており、蹴鞠は鞠を落とさないことから、試験に落ちないご利益があるともされています。これも、北野天満宮が怨霊を祀る神社から受験の神へ変容したことと共通しています。

新日吉神宮の創建は1160（永暦《えいりゃく》元）年、後白河上皇が院の鎮守社として日吉大社の山王七社を、現在地の南に勧請したことに始まるとされます。創建時の名は新日吉社《いまひえしゃ》でした。

ただ、応仁の乱などにより、廃絶されたような状況になります。実際、同社の宮司・藤島益雄《ふじしまますお》さんが著した『新日吉神宮略史――神殿・社宝・祭礼・行事並に由緒記』（新日吉神宮）の年譜では、1470（文明2）年2月5日「新日吉社に放火す」のあと、江戸時代まで空白になっています。そして、1655（明暦元《めいれき》）年4月30日に、後水尾《ごみずのお》上皇（第108代天皇）の命で社殿が修復され、祭儀が再興されたとあります。

問題は、社殿が修復された時に場所が変更になったことです。新しい社殿は、豊臣秀吉の遺骸が葬られた阿弥陀ヶ峰の豊国廟《とよくにびょう》に至る参道の中央に建てられ、豊国廟への道を塞《ふさ》ぎました。これは、江戸幕府による意図的なものと考えられます。

豊国神社のご神体は、ひそかに新日吉社の神供所《じんくしょ》（供物を捧げる場所）に祀られていたのですが、1785（天明《てんめい》5）年に新日吉社の境内に樹下社《このもとのやしろ》が造営され、そこに遷されました。樹下は、秀吉の旧姓・木下《きのした》に通じます。

幕府が許すはずがないことなのですが、日吉大社の摂社のなかにカモタマヨリヒメを祀る樹下宮があり、これを勧請したように見せかけたのです。新日吉神宮を創建した朝廷による、幕府へのささやかな抵抗でした。

1897（明治30）年に豊国廟が再建されると、新日吉神宮は現在地に遷され、樹下社はその境内で豊国神社として祀られることになり、現在に至っています。そこには、政治と絡《から》んだ複雑な歴史があったことになります。

熊野信仰と京都三熊野

京都には、「京都三熊野《きょうとさんくまの》」と呼ばれる熊野信仰に関連する神社があります。熊野《くまの》神社、熊野若王子神社《くまのにゃくおうじ》、新熊野神社《いまくまの》です。

熊野神社は、修験者の日圓《にちえん》が811（弘仁2）年に熊野から勧請したことに始まるとされますが、実際に創建したのは白河上皇と考えられます。白河上皇は1090（寛治4）年、園城寺の増誉《ぞうよ》に命じて寺院の聖護院《しょうごいん》を建立し、その鎮守社として熊野神社を創建したのです。

熊野若王子神社は、後白河上皇が1160（永暦元）年に創建したもので、永観堂《えいかんどう》の通称で知られる禅林寺《ぜんりんじ》の鎮守社として熊野から勧請して誕生しました。

新熊野神社も後白河上皇が創建しました。1160（永暦元）年、院《いん》の御所《ごしょ》である法住寺殿《ほうじゅうじどの》の鎮守社として熊野三山から勧請したもので、クマノフスミノミコト（熊野牟須美命）をイザナミとして祀っています。

京都三熊野の創建には熊野信仰、すなわち熊野三山（熊野本宮大社、熊野速玉大社、熊野那智大社）への信仰がかかわっています。実際、新熊野神社は熊野本宮大社、熊野神社は熊野速玉大社、熊野若王子神社は熊野那智大社に対応するものとされます。

平安時代から鎌倉時代にかけて、上皇たちは「熊野御幸《くまのごこう》」を繰り返しました。最初は宇多上皇、次に花山上皇が行いましたが、いずれも1回だけです。それが白河上皇になると、熊野御幸を繰り返すようになり9回、鳥羽《とば》上皇（第74代天皇）は上皇であった33年間に21回、上皇でもっとも多い後白河上皇は34回、後鳥羽上皇は28回におよんでいます。

こうした熊野御幸によって熊野の存在がクローズアップされ、やがては武家や庶民の間に「蟻《あり》の熊野《くまの》詣《もうで》」と呼ばれるように、篤い熊野信仰が広がりました。しかし、京都と熊野の往復にはおよそ1カ月を要しましたから、容易な旅ではありません。それなのに、なぜ熊野御幸は繰り返されたのでしょうか。

当時は神仏習合の時代です。熊野でも神道の信仰と仏教の信仰が入り交じり、熊野は浄土《じょうど》（煩悩《ぼんのう》や穢《けが》れを離れた清浄な国土。仏の住む世界）と見なされるようになりました。たとえば、那智本宮大社は観世音菩薩《かんぜおんぼさつ》が住まう補陀落浄土《ふだらくじょうど》と見なされ、熊野新宮大社は薬師如来の住まう東方浄瑠璃光浄土《とうぼうじょうるりこうじょうど》と見なされました。こうした信仰が生み出されたのは、平安時代に浄土信仰が広まったからです。

熊野が浄土として特別視された理由は不明ですが、熊野に辿り着くまで、今日の熊野古道《くまのこどう》を通っていくわけで、容易に行けないことが、その価値を高めたのではないでしょうか。

はるばる浄土の地に辿り着いたという感覚を得ることができたのです。

そして、熊野には容易に行くことができないことから、その代わりとして、京都に、京都三熊野の各神社が創建されました。熊野信仰によるものとして、京都には若一《にやくいち》神社も鎮座しています。実質的な創建は、平清盛であると考えられます。清盛も熊野詣を行っています。

このように、京都三熊野には、京都の経てきた歴史が示されています。そうした神社を訪れることで、私たちは、熊野御幸や熊野詣がいかに盛んなものであったかを確認することができます。死後は極楽浄土《ごくらくじょうど》に生まれ変わりたい。そうした思いを、平安京に生活した人々は強く抱いていたのです。

意外に少ない稲荷神社と八幡神社

日本全国の神社で、数がもっとも多いのは八幡神社および八幡宮、次いで天神および天満宮、3番目が稲荷神社です。ただ京都では、その様相がやや異なります。それぞれ見てみましょう。

稲荷神社の数は3番目とされていますが、それぞれの神社で摂社や末社として祀られることも多く、実際の数はもっと多いでしょう。しかし京都には、総本社である伏見稲荷大社を除くと、著名な稲荷神社はありません。

社寺研究会が1934（昭和9）年に刊行した『京都神社誌――祭神縁由祭祀』を見ると、たとえば左京区の稲荷神社は、満足《まんぞく》稲荷神社、御辰《おたつ》稲荷神社、御所《ごしょ》稲荷神社、日本最初稲荷神石社《にほんさいしょいなりしんせきしゃ》、竹中《たけなか》稲荷神社が挙げられ、御所稲荷神社を除いて現存しています。

日本最初稲荷神石社は空海が祀った日本最古の稲荷神社とされますが、泉涌寺《せんにゅうじ》の塔頭《たっちゅう》（大寺院の敷地内にある小寺院や別坊《べつぼう》）のひとつ善能寺《ぜんのうじ》の境内にあり、神社としては独立していません。ちなみに空海には、修行中に紀州田辺《きしゅうたなべ》（和歌山県田辺市）で稲荷神の化身である翁《おきな》に出会ったという伝説があります。

竹中稲荷神社は吉田神社の末社ですし、他区にも著名な稲荷神社はありません。伏見稲荷大社の存在があまりに大きいからでしょうか。

いっぽう、京都では数が多く、著名なものが少なくないのが天神、天満宮です。

たとえば、『京都神社誌』にもそのリストが示されていますが、「洛陽天満宮二十五社《らくようてんまんぐうにじゅうごしゃ》順拝《じゅんぱい》」の風習があります。これは、京都の天満宮のなかで菅原道真に実際に縁《ゆかり》のある25社を参拝するもので、道真没後950年にあたる1852（嘉永《かえい》5）年に定められました。

そのなかでは、北野天満宮、その創建にかかわった多比治文子を祀る文子《あやこ》天満宮、道真の邸宅跡に建立したとされる菅大臣《かんだいじん》神社、京都の台所として知られる錦市場《にしきいちば》にある錦《にしき》天満宮などが著名なところでしょう。ただ、そこに含まれる梶井《かじい》天満宮は現存しません。サイトなどによっては、他にも現存しないとされているところがありますが、実際には残されているようです。

道真は実在の人物であり、京都に生活していましたから、かかわった場所が少なくないわけで、それが京都に天満宮が多く創建されたことに結びついたものと考えられます。

八幡神社、八幡宮はどうでしょうか。こちらは、稲荷神社と同様に、京都にはさほど著名なものがありません。

『京都神社誌』に掲載されているものでは、東山《ひがしやま》区の若宮八幡宮社《わかみやはちまんぐうしゃ》、山科《やましな》区の若宮《わかみや》八幡宮と八幡宮《はちまんぐう》、中京区の御所《ごしょ》八幡宮、右京《うきょう》区の八幡宮社《はちまんぐうしゃ》と八幡宮《はちまんぐう》神社しかありません。石清水八幡宮の存在が大きいからかもしれませんが、他にも原因があります。

八幡神は応神天皇と習合することで第2の皇祖神となり、石清水八幡宮は伊勢神宮と並ぶ二所宗廟となりました。しかし、八幡神に対する信仰を全国に広めたのは武家です。なかでも重要なのは、源氏が八幡神を氏神としたことです。

河内源氏《かわちげんじ》の2代目棟梁《とうりよう》・源頼義《よりよし》は、陸奥国《むつ》（青森県・岩手県・宮城県・福島県）における前九年《ぜんくねん》の役《えき》（1051〜1062年。1056年〜とする説もあり）に勝利して凱旋《がいせん》した折、現在の大阪府羽曳野《はびきの》市に石清水八幡宮を勧請して、壺井《つぼい》八幡宮を建立しました。さらに、頼義は東国《とうごく》進出のために、現在の神奈川県鎌倉市に石清水八幡宮を勧請して、鶴岡若《つるおかわか》宮《みや》を建立しました。この鶴岡若宮を、鎌倉に幕府を開いた頼朝（頼義の5世孫）が現在地に移すことで、鶴岡《つるがおか》八幡宮（神奈川県鎌倉市）が創建されました。

頼朝は、石清水八幡宮へも崇敬を続けましたが、のちの足利氏も徳川氏も八幡神を氏神としたことで、武運の神（武神《ぶしん》）、弓矢の神、必勝の神として、武士の崇敬を集めていきます。各大名家でも八幡神を祀りましたから、八幡神社、八幡宮は全国に広がっていきました。

しかし、京都は朝廷・公家の街であり、武家の街ではありません。したがって、武神として八幡神が祀られることはありませんでした。現存する八幡神社にしても、その由緒を見ると、天皇あるいはその家臣が創建したところがほとんどです。ここにも、京都の特徴が示されています。

特徴的な神社①

京都には、他にも特徴的な神社が鎮座しています。まずは、御金《みかね》神社、京都《きようと》ゑびす神社、愛宕《あたご》神社、護王《ごおう》神社を取り上げます。

中京区にある御金神社は思わず、「おかね神社」と呼んでしまいそうです。金運上昇、商売繁盛、事業発展、宝くじ当選など、お金にまつわることにご利益があるとされ、鳥居は金色です。祀られているカナヤマヒコノミコト（金山毘古命）は神話にも登場し、鉱山の神として信仰を集めてきました。現在地に社殿が建てられたのは1883（明治16）年とされます。それ以前は、個人宅の屋敷神であったのですが、多くの参拝者があったことから、独立して祀られるようになったそうです。

神社側の説明によれば、近くに、茶釜《ちやがま》の製作者である釜師《かまし》が集まった釜座通《かまんざどおり》や、両《りよう》替商《がえしょう》が軒《のき》を連ねた両替町通《りょうがえまちどおり》があったことが背景にあったとされます。鳥居が金に塗られたのはそれほど昔ではないようですが、それ以来、人気スポットになっています。

「えべっさん」の名で知られる京都ゑびす神社は東山区にあり、臨済宗の開祖・栄西が1202（建仁《けんにん》2）年に建仁寺《けんにんじ》を建立する際、鎮守社として祀ったことに始まるとされます。江戸時代に成立した京都の地誌『雍州府志《ようしゅうふし》』には、栄西が1191（建久《けんきゅう》2）年に南宋《なんそう》から帰国する際、暴風雨に見舞われたところ、七福神のひとつ恵比寿《えびす》が現れて難を逃れたので、祀るようになったという話が載せられています。

祭神はヤエコトシロヌシノオオカミ（八代言代主大神）、オオクニヌシノオオカミ（大国主大神）、スクナヒコナノカミ（少彦名神）で、ヤエコトシロヌシが恵比寿と習合しました。鳥居には恵比寿の面が掲げられています。

関西にある恵比寿を祀る著名な神社は、西宮《にしのみや》神社（兵庫県西宮《にしのみや》市）や今宮戎《いまみやえびす》神社（大阪市）がありますが、京都ゑびす神社を含めて「日本三大えびす」と称されています。これら恵比寿を祀る神社では、縁起物の笹《ささ》を配る行事「十日戎《とおかえびす》」がよく知られています。

右京区の愛宕神社は、全国にある愛宕神社の総本宮です。創建したのは、修験道の祖・

役小角と、修験道の聖地・白山《はくさん》（石川県白山市《はくさんし》・岐阜県大野郡《おおのぐん》白川村《しらかわむら》）を開山した泰澄《たいちょう》とされます。ただ、この2人が挙げられるのはよくあるパターンです。

これとは別の説もあります。大安寺の僧侶・慶俊《けいしゅん》と和気清麻呂によって白雲寺《はくうんじ》が創建され、そこに愛宕権現《あたごごんげん》が祀られた。白雲寺は修験道の道場として栄えたものの、明治に神仏分離が行われると廃絶され、愛宕神社となったというのです。他の説もあるようです。

祭神はイザナミなどとされていますが、もともとは愛宕権現が祀られていました。これは火の神であるために、火災を防ぐ火伏《ひぶ》せの神となりました。愛宕神社では「火迺要慎《ひのようじん》」と記されたお札を配布しています。

和気清麻呂と、その姉で称徳天皇に仕えた広虫《ひろむし》を祀るのが、上京区《かみぎょうく》の護王神社です。もともとは、和気氏が創建した神護寺《じんごじ》の境内に祀られていた霊社《れいしゃ》（先祖の霊を祀る神社）とされます。1851（嘉永4）年に孝明天皇が神階・正一位護王大明神《ごおうだいみょうじん》を授けたことに始まるとされます。1874（明治7）年に護王神社と改称されました。1886（同19）年には、明治天皇の勅命により、村上源氏《むらかみげんじ》に連なる中院《なかのいん》家の邸宅跡である現在地に遷され、社殿が造営されました。

境内には猪《いのしし》にちなむものが数多く見られますが、これは、清麻呂が宇佐八幡神託事件で宇佐神宮に赴いた際、道鏡の刺客に襲われたものの、３００頭の猪が現れて救われたという伝説に由来します。その際、清麻呂は足に傷を負うのですが、猪たちが去ったあと、傷が癒《い》えたことから、護王神社は足腰の健康にご利益があるとされます。

特徴的な神社②

続いて取り上げるのが晴明《せいめい》神社、今宮《いまみや》神社、野宮《ののみや》神社です。

ここまで何度か触れた陰陽師の安倍晴明を祀るのが、上京区の晴明神社です。一条天皇の勅命で１００７（寛弘４）年に晴明の邸跡に創建され、当時は相当な広さを誇ったと言われますが、幕末の大火で社記などが焼失してしまったため、詳しいことは不明とされています。

境内には、社紋の五芒星《ごぼうせい》を描いた提灯《ちょうちん》が吊るされ、五芒星を刻んだ井戸・晴明井《せいめいい》や厄《やく》除桃《よけもも》などがあり、他の神社にはない不思議な雰囲気を漂《ただよ》わせています。近年、小説、コミック、映画などで晴明が頻繁に取り上げられたこともあり、人気のスポットになっています。

なお、京都には「大将軍《だいしょうぐん》」と称する神社がいくつかありますが、こちらは陰陽道の方位神《ほういじん》（方位の吉凶を司る神）である八将神《はっしょうじん》のひとつ、大将軍神《だいしょうぐんしん》を祭神としています。

北区に鎮座する今宮神社は、八坂神社と同様に疫病を鎮める御霊会から生まれました。紫野御霊会《むらさきのごりょうえ》です。

994（正暦5）年6月、今宮神社が現在鎮座する場所にもともと祀られていた疫神《えきじん》を、2基の神輿に乗せて近くの船岡山に持って行き、そこに安置して、悪疫退散を祈りました。その7年後、1001（長保3）年に疫病が流行した際には、船岡山から疫神を移し、社殿を建てたのが、今宮神社の創建に結びついたとされています。

現在の祭神はオオナムチなどですが、境内には摂社の疫社《えきしゃ》が祀られており、その祭神はスサノオです。摂社には大将軍社《たいしょうぐんしゃ》もあり、そこには牛頭天王と八大王子《はちだいおうじ》（スサノオの五男三女）が祀られています。ということは、八坂神社がそうであるように、スサノオはもともと牛頭天王であったと考えられます。

江戸時代、今宮神社の社殿修復や、やすらい祭《まつり》の復興に尽力したのが、第5代将軍・

綱吉《つなよし》の生母である桂昌院《けいしょういん》です。桂昌院は大徳寺《だいとくじ》付近の低い身分に生まれました。娘時代の名は「玉《たま》」であったと言われ、そこから「玉《たま》の輿《こし》」という言葉が生まれたともされます。

右京区にある野宮神社の祭神はノミヤオオカミ（野宮大神）ですが、これはアマテラスを指しています。

野宮《ののみや》とは、伊勢神宮に仕える斎王が伊勢に赴く前に身を浄める場所のことです。その場所は1カ所に定まっていませんでしたが、嵯峨天皇の時代に、野宮神社が鎮座する場所に定められました。そして、斎王の制度が南北朝時代に廃《すた》れたあと、神社になったのです。『源氏物語』第10帖「賢木《さかき》」には、野宮神社が登場します。そこには小柴垣《こしばがき》、板屋《いたや》、黒木《くろき》の鳥居《とりい》などがあったと描かれていますが、社殿の記述はありません。当時は社殿はなかったのかもしれません。

世界最古の神社

本書の最後に取り上げるのが、現存する世界最古の神社である宇治上《うじがみ》神社（京都府宇治《うじ》市）です。第3章で述べたように、神道は日本固有の民族宗教ですから、日本最古の神社

＝世界最古の神社となります。

京都では、「古都京都の文化財」として、世界文化遺産に17カ所が登録されています。その内訳は寺院13カ所、神社3カ所、城郭1カ所です。寺院に比べ、神社は圧倒的に少ないことがわかります。3つの神社は上賀茂神社、下鴨神社、宇治上神社です。「古都京都の文化財」のなかで、宇治上神社は知名度がもっとも低いかもしれません。しかし、神社の歴史を知るうえでとても重要です。

宇治上神社の祭神は、神話に登場するウジノワキイラツコ（菟道稚郎子）です。その父とされる応神天皇、異母兄の仁徳天皇も祭神になっています。創建の経緯ははっきりしませんが、近くにある宇治《うじ》神社（京都府宇治市）もウジノワキイラツコを祭神としているので、一体の関係にあると考えられます。「延喜式神名帳」には「宇治神社二座」と記載されていますが、これは宇治神社と宇治上神社を指すものと考えられます。

宇治上神社には、国宝の建築物が2棟あります。本殿と拝殿です。拝殿は鎌倉時代前期のものですが、本殿は平安時代後期のものとされています。

寺院の場合、法隆寺に代表されるように、古いものが多く残されています。ところが、神社の場合は、宇治上神社の本殿より古いものがありません。つまり、日本最古（世界最古）の神社建築なのです。本殿は正面の幅がおよそ10mの覆屋《おおいや》（覆堂《ふくどう》）のなかにあり、3棟の流造《ながれづくり》の社殿からなっています。そこで用いられている木材については、年輪年代測定法により、1060（康平《こうへい》3）年頃と推定されています。

宇治神社と宇治上神社は、宇治川を挟んで平等院《びょうどういん》（京都府宇治市）と相対しています。平等院鳳凰堂《びょうどういんほうおうどう》が建立されたのは1052（永承7）年ですから、宇治上神社の本殿とほぼ同時期に建てられたことになります。そこにどのような関係があるのか、もしくはないのか。それは残念ながら、わかりません。

では、神社において、神が社殿に祀られるようになるのはいつからでしょうか。

これは、大きな謎です。たとえば、大神神社のように現在でも本殿がない神社があります。そこでは、神体山である三輪山を拝む形になっています。

京都市の北西に鎮座する出雲《いずも》大神宮（京都府亀岡《かめおか》市）には13世紀前半、すなわち鎌倉時代のものと考えられる「出雲神社榜示図《いずもじんじゃぼうじず》」が伝えられています。出雲大神宮は、かつては「出雲《いずも》神社」と呼ばれていました。

榜示図にはいくつかの山が描かれているのですが、右下に描かれた山だけは木々が濃く描かれ、出雲大神宮の神体山である御影山《みかげやま》を示しています。山の麓には鳥居が描かれ、その下にいくつかの建物が描かれていますが、それは鳥居の外側にあるので、拝殿や本殿とは考えられません。つまり、鎌倉時代の出雲大神宮は、神体山の麓に鳥居が建つだけのものだったのです。

宇治上神社の本殿はこれよりも古いわけで、社殿が建つようになった神社が最初はどのようなものであったかを示しているものと考えられます。つまり、神社には最初から大規模な社殿が建っていたわけではないのです。

宇治上神社を訪れるということは、神社建築がいつから始まったかを考えることに通じます。その点で、とても貴重な神社であると言えるでしょう。だからこそ、「京都の文化財」にも堂々と名を連ねているのです。

おわりに

神社に対する信仰は神道ということになります。本文で述べたように、神道は日本独自の民族宗教です。

民族宗教は「自然宗教」と呼ばれることもあります。それに対して、世界宗教は「創唱《そうしょう》宗教」と呼ばれます。特定の創唱者がいて、その教えが聖典《せいてん》に記されるからです。自然宗教には、そうした創唱者はいません。つまり、明確な教えが定まっていないのです。ただし、民族宗教（自然宗教）であるユダヤ教の教えは、聖典『トーラー』に記されていますから、その点では例外かもしれません。

本来、神道には聖典はありません。しかし、第4章で触れた吉田神道など、のちにさまざまな神道の流派が生まれると、聖典が作られるようになりました。ただ、それ以前には聖典など存在しませんでした。聖典がないということは教えがないということですが、重要なのはむしろ神をどう祀るかです。

神社では祭祀が中心で、それは磐座における祭祀から始まりました。磐座のある山が神体山になり、鳥居や拝殿、さらには祭神を安置した本殿が建てられるようになっていきますが、それは誰か特定の人物が指示したものではなく、自ずとそのように発展していったのです。

ただ、そこには社会のあり方が変化したことが大きく影響していたように思われます。その点で、平安京遷都によって平安京が誕生したことは、とても重要なことでした。平安京は長く続いたという点で、それ以前の都とは根本的に性格が異なります。

しかも、そこには朝廷と公家が織り成す複雑な社会が生み出され、平安時代も終わりになると、武家も加わるようになります。神社は、そうした社会の上層階級の需要を満たすために大きく変容し、次第に今日の姿を取るようになったのです。

第1章で見たように、平安京遷都以前の京都にはいくつもの最強神社がありました。しかし、そうした神社が今日のような形であったと考えることはできません。たとえば、上賀茂神社と下鴨神社は平安京遷都以前、社殿など建っていなかったはずです。鳥居があったかさえ定かではありません。その時代の神社は、祭祀を行うための特別な空間ではあっても、仏教の寺院のように、神を祀る建物があったわけではないのです。

下鴨神社に祭祀遺跡が残されていることは触れましたが、広大な糺の森のなかに特定の場所が定められ、そこで祭祀が営まれていました。他の神社についても同様でしょう。

いったい、いつの時点で神社に社殿が建つようになったのか。その点は、実ははっきりしていません。第6章で触れた宇治上神社の本殿は現存する最古の神社建築ですが、それが最初だったわけではないでしょう。

ただ、社殿があったとしても、それは規模が小さな、屋敷神の社《やしろ》のようなものだったのではないでしょうか。

『源氏物語』には、第6章で触れた野宮神社の他に、神社としては上賀茂神社が登場します。しかし、扱われているのは葵祭で、社殿については触れられていません。

『枕草子』では、「神は」で始まる268段（269段、272段とするものも）がよく知られています。清少納言は同段で、松尾大社、石清水八幡宮、大原野神社、春日大社、平野神社、吉野水分《よしのみくまり》神社（奈良県吉野郡吉野《よしの》町）、賀茂神社、伏見稲荷大社に触れています。

注目されるのが、冒頭の「神は松の尾《まつのお》。八幡《やはた》、この国の帝《みかど》にておはしけむこそめでたけれ」の部分です。「松の尾」は、松尾大社を指しています。松尾大社の祭神はオオヤマグイですが、なぜ神のなかでもっとも優れたものとされているのか、不思議な感じがします。「八幡」は、石清水八幡宮の祭神・八幡神のことですが、八幡神は応神天皇と習合しているから、帝とされているのでしょう。

平野神社については、清少納言が訪れた時に空き家を見つけた話が出てきます。何をするものかと聞くと、「御輿宿り《みこしやど》」という答えが返ってきます。祭の際に、神輿が仮にとどまる旅所《たびしょ》というわけです。

清少納言はそれ以上、各神社について詳しい情景を説明していないので、この時代の神社のありさまはよくわかりません。

平安時代の神社はどのようなものだったのか。そのことがわかる史料を、なかなか見つけることができません。絵図などがあればわかるのですが、絵巻物が作られるようになるのは平安時代末期になってからのことです。

そのひとつに『信貴山縁起絵巻《しぎさんえんぎえまき》』があります。そこには、1180(治承4)年に焼き打ちに遭う前の東大寺の大仏が描かれているので、それまでの間に作られたものと考えられます。「尼公《あまぎみ》の巻」に、尼公という女性が托鉢《たくはつ》を続けながら弟の消息を尋ね歩く場面が出てきます。具体的な場所は不明ですが、小さな社が登場します。屋敷神のような小祠《しょうし》です。

第3章で触れたように、『一遍聖絵』では石清水八幡宮の社殿は現在とほぼ同じ姿で描かれています。厳島《いつくしま》神社（広島県廿日市《はつかいち》市）も同様です。鎌倉時代には、今日と同じような社殿が建設されるようになっていたことがわかります。

石清水八幡宮の場合、当初は石清水八幡宮護国寺であり、神社と寺院が一体化していました。寺院であれば、僧侶たちが住み、信仰活動を実践するために、各種の建物が必要になります。堂宇、仏塔、僧坊が建ち並ぶことになるわけですが、そうなると、神を祀る社殿を建立しようという発想が出てきても不思議ではありません。石清水八幡宮の社殿は、そうした経緯で誕生したのではないでしょうか。

神仏習合という事態が神社の社殿を生み出した、とも考えられます。そのような事態が、平安時代にはすでに進行していたはずです。

平安時代、朝廷や公家たちは、神仏を祀ることに傾注しました。それが政治的な行為の中心に位置づけられていたとさえ言えます。それによって仏教は興隆し、神事も盛んに行われました。

なぜなら、天変地異が頻発したからです。雨が降らなければ作物が育たず、たちまち飢饉が訪れます。落雷の被害もありました。ただ、地震などの自然災害はいつの時代もどこでも起こることですが、疫病の流行には、平安京という規模の大きな都市が生まれたことが大きく影響したはずです。過密な空間が生まれたことで、疫病を蔓延《まんえん》させる危険性が高まったのです。

さらに、政争も加わりました。政争や戦争が起これば、多くの人間が亡くなりますが、敗者は恨みを抱いています。あるいは、恨みを持ったまま亡くなったと考えられました。そこから、怨霊に対する信仰が生み出され、祟りをもたらすと信じられたのです。

人々は、疫病が流行するなかで怨霊が跋扈する事態に恐れおののき、救いを神仏に求めざるを得なかったのです。

平安時代に、中国から密教がもたらされたことも、宗教的な儀礼への期待を高めました。祟る神を密教の力で抑え込みたい。そう考えられたのです。密教を中心とした真言宗が生まれ（東密）、天台宗にも深く密教が浸透しました（台密）。奈良の南都六宗の寺院でさえ、密教の信仰を取り入れるようになります。密教は山岳宗教とも結びつき、やがては修験道の信仰を生むことになります。

密教が取り入れられることで、「秘仏」も生まれました。本尊などを厨子《ずし》（仏像、仏画、経典などを安置する容器）のなかに安置し、普段は拝むことができないようにしたのです。それによって本尊の価値は上がりました。あるいは、神殿を建て、そこに神を祀る方法はこうした密教の信仰からアイディアを得たものかもしれません。

いっぽうで、密教の影響も受けながら発展した陰陽道は、平安時代の朝廷・公家社会において、日常生活のなかに取り込まれていきました。災厄を防ぐには、日柄方位《ひがらほうい》を気にしなければなりません。そこに安倍晴明のような陰陽師が活躍する余地が生まれたのです。

平安時代、神社に対する信仰は変容を遂げ、発展しました。平安京の成立が、神社信仰をそれまでとは違うものに変貌させていったと言うこともできます。そこには、この時代から広がりを見せた神仏習合の影響もありました。神道と仏教が一体化することで、相互に影響を与え合い、それまでとは異なる信仰世界が形成されていったのです。

その点で、日本の宗教のあり方について、また神社信仰の発展において、平安時代はきわめて大きな影響をおよぼしたことになります。それは特に、都が置かれた京都において著しいものがありました。

京都では、平安京遷都以前に、渡来人の氏族を中心に、賀茂神社や伏見稲荷大社などで有力な神々が祀られていました。そこに、渡来人の血を受け継いだ桓武天皇によって都がもたらされました。

以降、今木神のような新しい神が生み出され、九州北部からは、やはり渡来人が祀っていた八幡神が勧請されました。さらに、稲荷神の場合などは、インドの荼吉尼天《だきにてん》と習合しますが、それも荼吉尼天が密教の信仰に組み込まれたからです。

こうした神々に対する信仰は、都である京都から全国に伝えられることになりました。稲荷信仰、祇園信仰、天神信仰がその代表です。八幡信仰の場合、平安時代末期から台頭する武家が全国に広めていきました。

こうして、京都の最強神社の信仰は全国に波及し、日本人の信仰世界を大きく変容させていったのです。そこにこそ、最強神社の最強たる所以《ゆえん》があるのです。

アクセス
地下鉄烏丸線・北山駅より徒歩15分
京阪本線/叡山鉄道・出町柳駅より徒歩12分
JR奈良線・稲荷駅より徒歩すぐ
阪急嵐山線・松尾大社駅より徒歩3分
阪急嵐山線・松尾大社駅より徒歩10分
叡山鉄道・貴船口駅から京都バス・貴船より徒歩5分
京福電鉄北野線・北野白梅町駅より徒歩7分
京阪本線・石清水八幡宮駅から参道ケーブル・八幡宮山上駅より徒歩5分
京阪本線・祇園四条駅より徒歩5分
阪急京都線・東向日駅/JR東海道本線・向日町駅から阪急バス・南春日町より徒歩7分
京阪本線/叡山鉄道・出町柳駅から市バス・京大正門前より徒歩4分
京福電鉄北野線・北野白梅町駅より徒歩5分
京阪本線・七条駅より徒歩10分
地下鉄烏丸線・北大路駅から市バス・建勲神社前より徒歩9分
JR東海道本線・京都駅から市バス・東山安井より徒歩10分
地下鉄東西線・東山駅より徒歩10分
地下鉄烏丸線・今出川駅より徒歩8分
京阪本線・七条駅より徒歩12分
京阪本線・神宮丸太町駅より徒歩5分
地下鉄東西線・三条京阪駅から市バス・南禅寺・永観堂道より徒歩10分
JR東海道本線・京都駅から市バス・今熊野より徒歩3分
JR東海道本線・京都駅より徒歩10分
阪急京都線・京都河原町駅より徒歩3分
地下鉄烏丸線・烏丸御池駅/地下鉄東西線・二条城前駅より徒歩5分
京阪本線・祇園四条駅より徒歩6分
京福電鉄嵐山本線・嵐山駅から京都バス・清滝より徒歩10分
地下鉄烏丸線・丸太町駅より徒歩7分
地下鉄烏丸線・今出川駅より徒歩12分
阪急京都線・烏丸駅から市バス・今宮神社前より徒歩すぐ
JR山陰本線・嵯峨嵐山駅より徒歩10分
京阪宇治線・宇治駅より徒歩10分

京都の最強神社・注目神社リスト

神社名	住所
〈最強神社〉	
上賀茂神社	京都市北区上賀茂本山339
下鴨神社	京都市左京区下鴨泉川町59
伏見稲荷大社	京都市伏見区深草藪之内町68
松尾大社	京都市西京区嵐山宮町3
梅宮大社	京都市右京区梅津フケノ川町30
貴船神社	京都市左京区鞍馬貴船町180
平野神社	京都市北区平野宮本町1
石清水八幡宮	八幡市八幡高坊30
八坂神社	京都市東山区祇園町北側625
大原野神社	京都市西京区大原野南春日町1152
吉田神社	京都市左京区吉田神楽岡町30
北野天満宮	京都市上京区馬喰町
〈注目神社〉	
豊国神社	京都市東山区大和大路正面茶屋町530
建勲神社	京都市北区紫野北舟岡町49
京都霊山護国神社	京都市東山区清閑寺霊山町1
平安神宮	京都市左京区岡崎西天王町97
白峯神宮	京都市上京区飛鳥井町261
新日吉神宮	京都市東山区妙法院前側町451-1
熊野神社	京都市左京区聖護院山王町43
熊野若王子神社	京都市左京区若王子町2
新熊野神社	京都市東山区今熊野椥ノ森町42
文子天満宮	京都市下京区天神町400
錦天満宮	京都市中京区中之町537
御金神社	京都市中京区押西洞院町614
京都ゑびす神社	京都市東山区大和大路通四条下ル小松町125
愛宕神社	京都市右京区嵯峨愛宕町1
護王神社	京都市上京区烏丸通下長者町下ル桜鶴円町385
晴明神社	京都市上京区晴明町806
今宮神社	京都市北区紫野今宮町21
野宮神社	京都市右京区嵯峨野々宮町1
宇治上神社	宇治市宇治山田59

※本書の登場順。アクセスは他例もあり

本文デザイン　盛川和洋
本文ＤＴＰ　キャップス
地図・図表作成　篠　宏行
校正　安達万里子（円水社）

切りとり線

★読者のみなさまにお願い

この本をお読みになって、どんな感想をお持ちでしょうか。祥伝社のホームページから書評をお送りいただけたら、ありがたく存じます。今後の企画の参考にさせていただきます。また、次ページの原稿用紙を切り取り、左記まで郵送していただいても結構です。

お寄せいただいた書評は、ご了解のうえ新聞・雑誌などを通じて紹介させていただくこともあります。採用の場合は、特製図書カードを差しあげます。

なお、ご記入いただいたお名前、ご住所、ご連絡先等は、書評紹介の事前了解、謝礼のお届け以外の目的で利用することはありません。また、それらの情報を6カ月を越えて保管することもありません。

〒101-8701（お手紙は郵便番号だけで届きます）
祥伝社　新書編集部
電話03（3265）2310
祥伝社ブックレビュー　www.shodensha.co.jp/bookreview

★本書の購買動機（媒体名、あるいは○をつけてください）

＿＿＿＿新聞の広告を見て	＿＿＿＿誌の広告を見て	＿＿＿＿の書評を見て	＿＿＿＿のWebを見て	書店で見かけて	知人のすすめで

★100字書評……京都の最強神社

名前

住所

年齢

職業

島田裕巳　しまだ・ひろみ

作家、宗教学者。1953年、東京都生まれ。東京大学文学部宗教学科卒業、同大学大学院人文科学研究科博士課程修了（宗教学専攻）。放送教育開発センター助教授、日本女子大学教授、東京大学先端科学技術研究センター特任研究員を経て現在、東京通信大学非常勤講師。著書に『葬式は、要らない』（幻冬舎新書）、『完全版　創価学会』（新潮新書）、『死に方の思想』『宗教にはなぜ金が集まるのか』『最強神社と太古の神々』（いずれも祥伝社新書）など。本郷和人氏との共著に『鎌倉仏教のミカタ』（祥伝社新書）。

京都《きょうと》の最強神社《さいきょうじんじゃ》
――12社《しゃ》の謎《なぞ》を読《よ》み解《と》く

島《しま》田《だ》裕《ひろ》巳《み》

2024年７月10日　初版第１刷発行

発行者……………辻 浩明
発行所……………祥伝社《しょうでんしゃ》
〒101-8701　東京都千代田区神田神保町3-3
電話　03(3265)2081（販売部）
電話　03(3265)2310（編集部）
電話　03(3265)3622（業務部）
ホームページ　www.shodensha.co.jp
装丁者……………盛川和洋
印刷所……………萩原印刷
製本所……………ナショナル製本

Printed in Japan　ISBN978-4-396-11701-6　C0214

〈祥伝社新書〉
古代史

624
謎の九州王権
ヤマト王権以前に存在した巨大勢力、その栄枯盛衰を追う
日本史学者
若井敏明

456
古代倭王の正体
海を越えてきた覇者たちの興亡
邪馬台国の実態、そして倭国の実像と興亡を明らかにする
古代史研究家
小林惠子

423
天皇はいつから天皇になったか?
天皇につけられた鳥の名前、天皇家の太陽神信仰など、古代天皇の本質に迫る
元・龍谷大学教授
平林章仁

326
謎の古代豪族 葛城《かつらぎ》氏
天皇家と並んだ大豪族は、なぜ歴史の闇に消えたのか
平林章仁

513
蘇我氏と馬飼《うまかい》集団の謎
「馬」で解き明かす、巨大豪族の正体。その知られざる一面に光をあてる
平林章仁

〈祥伝社新書〉
古代史

510
渡来氏族の謎
秦《はた》氏、東漢《やまとのあや》氏、西文《かわちのふみ》氏、難波吉士《なにわのきし》氏など、厚いヴェールに覆われた実像を追う
歴史学者 加藤謙吉

370
神社が語る古代12氏族の正体
神社がわかれば、古代史の謎が解ける！
歴史作家 関 裕二

469
天皇諡《し》号《ごう》が語る古代史の真相
天皇の死後に贈られた名・諡号から、神武天皇から聖武天皇に至る通史を復元
関 裕二 監修

316
古代道路の謎
奈良時代の巨大国家プロジェクト
巨大な道路はなぜ造られ、廃絶したのか。文化庁文化財調査官が解き明かす
文化庁文化財調査官 近江俊秀

535
古代史から読み解く「日本」のかたち
天孫降臨神話の謎、邪馬台国はどこにあったのか、持統天皇行幸の謎ほか
国際日本文化研究センター教授 倉本一宏
マンガ家 里中満智子

〈祥伝社新書〉
宗教と社会

425
死に方の思想
長寿化、無縁社会、安楽死……社会が大きく変わるなか、死との向き合い方を説く
作家、宗教学者 島田裕巳

538
ＡＩを信じるか、神《アッラー》を信じるか
便利だが自由を捨て、ＡＩや宗教に思考を委ねる。そんな時代が到来しつつある
島田裕巳

665
宗教にはなぜ金が集まるのか
宗教と金の問題を歴史から繙き、宗教の本質に迫る。宗教マネーが世界を動かす!!
島田裕巳

678
最強神社と太古の神々
出雲大社の巨大な本殿、沖ノ島で行われていた謎の祭祀……ほか
島田裕巳

698
鎌倉仏教のミカタ 定説と常識を覆す
歴史学者と宗教学者の白熱対談。この見方を知れば、日本史が面白くなる！
東京大学史料編纂所教授 本郷和人
島田裕巳